ESSAI
DE THÉORIE
SUR
LE GOUVERNEMENT
MONARCHIQUE.

ESSAI DE THÉORIE

SUR

LE GOUVERNEMENT

MONARCHIQUE.

Je veux être l'ami des Rois & des Sujets.

A LONDRES,

Et se trouve, A PARIS,

Chez L. JORRY, Libraire-Imprimeur de
MONSEIGNEUR LE DAUPHIN, & des
ENFANTS DE FRANCE, rue de la Huchette;
Et chez les Marchands de Nouveautés.

1788.

TABLE
DES MATIERES.

Préface. *Idée générale de cet Ouvrage,*
Page 1

LIVRE PREMIER.

De l'origine des Gouvernements Civils.

CHAPITRE PREMIER. *De la sociabilité de l'homme,* 15

CHAPITRE II. *De l'origine de la société,* 22

CHAPITRE III. *Du droit de propriété,* 30

CHAPITRE IV. *Des différentes especes de société,* 37

CHAPITRE V. *Des causes de la société civile,* 42

CHAPITRE VI. *De la prééminence de la société civile sur toutes les autres,* 49

LIVRE II.

Des fondements de la Monarchie.

CHAPITRE PREMIER. *Examen du pacte social*,   page 59

CHAPITRE II. *De l'établissement de la Monarchie*,   68

CHAPITRE III. *Du pouvoir des Monarques*,   73

CHAPITRE IV. *Des différentes especes de Gouvernemens*,   81

CHAPITRE V. *Du plus mauvais Gouvernement*,   89

LIVRE III.

Des différents Ordres de Citoyens dans la Monarchie.

CHAPITRE PREMIER. *Des Ministres de la Religion*,   112

CHAPITRE II. *De la Noblesse*, 124

CHAPITRE III. *Des Magistrats*, 135

CHAPITRE IV. *Du Peuple*,   152

LIVRE IV.

De l'Harmonie intérieure de la Monarchie.

CHAPITRE PREMIER. *De la Religion*, page 172

CHAPITRE II. *De la Législation*, 194

CHAPITRE III. *De la Justice*, 211

CHAPITRE IV. *Du Commerce*, 226

CHAPITRE V. *Des Finances*, 245

Fin de la Table des Matieres.

Fautes à corriger.

Page 44 , *ligne* 17 , dansotre Europe , *lifez* , dans notre Europe.

Page 81 , depuis la ligne 19 jufqu'à la fixieme ligne de la page 82, fuppofez des guillemets.

Page 224 , *ligne* 14 , de la rigueur , *lifez* , de fa rigueur.

PRÉFACE.

PRÉFACE.

IDÉE GÉNÉRALE DE CET OUVRAGE.

L'ÉTAT naturel de l'homme ſur la terre, eſt celui ſans doute qui eſt le plus conforme à ſa conſtitution phyſique, à ſa raiſon, au bon uſage de ſes facultés, au bien-être qu'il cherche, & qu'il peut ſe promettre ici-bas. D'où il faut conclure que la Providence l'a deſtiné à vivre en ſociété avec ſes ſemblables.

En effet la terre eſt couverte de grandes familles qu'on appelle *Peuples*, *Nations*, qui ſont autant d'aggrégations d'hommes qui s'entr'aident dans leurs entrepriſes, qui ſe ſecourent dans leurs beſoins, & qui vivent entr'eux dans une communication continuelle d'égards & de ſervices. Par quels moyens ſont-ils parvenus à former des aſſociations ?

La Nature en a fait tous les frais ; ils ſe ſont multipliés. Les familles, en s'étendant, ſe ſont rencontrées : de là l'origine de la ſociété.

A

Les uns sont restés au premier pas, & comme au berceau de la vie sociale ; tels sont les Sauvages. Les Peuples bergers ont fait quelques pas de plus ; ils ont tiré des bois & des déserts, les chevaux, les bœufs, les rennes, les chevres qu'ils ont asservis, & dont ils ont tiré leurs nourritures & leurs vêtemens. Le plus grand nombre est allé encore plus loin ; ceux-ci approchent tous plus ou moins de la perfection de la société.

Ce sont les Peuples heureux qui cultivent leur raison, chez qui fleurissent les Sciences & les Arts, qui sont recommandables par les productions du génie, qui ont des Villes, & qui connoissent les commodités & les agrémens de la vie.

Leur état est donc préférable à tout autre ; le sauvage & l'homme isolé ne connoissent que la vie animale, le Nomade est encore dans la barbarie, l'homme policé seul fait connoître la dignité de son espece.

Ce bienfait inestimable de la civilisation des hommes doit être attribué à l'Agriculture ; c'est cet Art précieux qui les a tirés des forêts, pour leur faire habiter des Villes.

Témoins les Gaulois, les Bretons, les Germains, qui ont abandonné le gland & les racines fauvages, qui ont changé leurs villages en villes, leurs marais en plaines fertiles, à proportion que l'Agriculture a fait des progrès parmi eux.

Mais tout ceci ne préfente encore que le phyfique de la fociété ; il faut en développer le moral.

La bafe de toute affociation, dit la Philofophie moderne, eft le pacte focial : c'eft le fondement fur lequel pofe tout l'édifice des Gouvernements. Ce fyftême a pris bien de la faveur depuis quelques années, & je ne fçais pourquoi ; car les principes en font de toute fauffeté & les conféquences abfurdes.

Les hommes ne naiffent ni égaux entr'eux, ni indépendants les uns des autres ; la Nature ne leur a pas départi à tous une égale portion de génie & de force phyfique ; leurs talents & leurs befoins ne font pas les mêmes. Il faut donc qu'ils foient dépendants les uns des autres.

Les conféquences de ce fyftême font frémir ; le Peuple eft tout ; en lui feul réfide la fouveraineté. Il peut dépofer les Rois & changer la forme des Gouvernements quand il lui plaît. Chaque Particulier même n'eft tenu au pacte focial, qu'autant qu'il y trouve fon avantage. Auffi nul lien ne l'attache à l'État qui l'a vu naître, & il n'a d'autre patrie que le pays où il veut bien fe fixer.

Si cette théorie avoit dirigé les hommes dans la formation des Gouvernements, toute la terre fans doute auroit été couverte de Ré-publiques dès l'origine des fociétés ; mais les faits dépofent le contraire. Le plus ancien des Gouvernements eft le Monarchique ; le Républicain ne doit fon origine qu'à des révolutions poftérieures à cette époque.

En effet le premier des pouvoirs qui s'eft exercé fur la terre, a été celui d'un pere fur fa poftérité ; d'après ce modele, les hommes choifirent un Sage, dont l'autorité pût con-cilier les intérêts de tout le monde & main-tenir l'ordre public.

Ainfi un Roi eft un pere à la tête de fa famille ; il a, fur fes Sujets, le même pouvoir que les Patriarches avoient fur leurs enfants ; & comme ces Chefs des premieres familles

ne connoiſſoient d'autres loix que le droit
naturel & le droit divin, de même un Monarque n'a d'autre regle à ſuivre, dans l'exercice de ſon pouvoir, que la loi naturelle & la
loi divine.

Peu importe que le Trône ſoit occupé par
une ou pluſieurs têtes ; c'eſt toujours une
Monarchie, dès-lors qu'il y a un Trône &
des Sujets. Bien des États qui paſſent pour
Républicains, ne ſont donc que des Monarchies palliées ; & il n'y a vraiment de République, que lorſque la Nation en corps eſt ſou-
veraine. Ou le Peuple eſt ſujet, ou il eſt ſouverain. S'il eſt ſujet, c'eſt une Monarchie ; s'il eſt
ſouverain, c'eſt une République. A ne con-
ſulter que ces idées ſimples & primordiales, il
n'y a que deux eſpeces de Gouvernements.

Quel eſt le meilleur ? Cette queſtion m'a
paru peu importante, je ne la diſcute pas. Il
m'a ſemblé plus intéreſſant de faire voir quel
eſt le plus mauvais.

Tout le monde le connoît, c'eſt le deſpotiſme. Ce n'eſt point au reſte un Gouvernement régulier, c'eſt un monſtre dans l'ordre
politique, comme dans l'ordre moral ; il naît

de la corruption des autres Gouvernements,
& le plus souvent de la Monarchie ; lorsqu'elle
est devenue arbitraire & tyrannique , c'est le
despotisme. De là il est aisé de conclure que
les constitutions politiques de l'Asie sont les
plus mauvaises de toutes.

En effet tout est tyran dans ces Etats;
le Despote qui est renfermé dans son serrail ;
le Visir qui regne jusqu'à ce qu'il soit étran-
glé; les Gouverneurs de Provinces , les Intendants, les Magistrats qui se nourrissent du
sang des Peuples, en attendant qu'ils soient
eux-mêmes égorgés : tout dépend du caprice
d'un seul homme , qui entraîne tout par sa
volonté, & qui n'observe ni loi, ni regle. On
ne connoît point dans ces Gouvernements
différents ordres de Citoyens ; tout y est esclave : au contraire, dans la vraie Monarchie,
les Sujets sont distingués entr'eux, & forment des classes séparées.

Le Peuple y occupe la base de la pyra-
mide, c'est lui qui en porte tout le poids ; il
laboure & il plante, il fait la guerre & le
commerce, il bâtit nos Villes & nos châteaux, il fait valoir les Arts & les Manufac-

tures ; en un mot, il nous nourrit, nous loge, nous habille. Quelle confidération ne mérite-t-il donc pas de la part de fes Chefs ! Mais ce ne font pas des égards qu'il demande, c'eft du pain.

Il eft, pour ainfi dire, réduit à la mendicité dans toute l'Europe ; il n'a prefque point de propriétés, & le peu qui lui en refte, eft englouti tous les jours par l'opulence ; il vit fur fes bras, & l'avarice des riches lui paie le moins qu'elle peut le prix de fes travaux. Cette terre eft vraiment pour lui une vallée de larmes ; à peine lui laiffe-t-on la liberté de fe plaindre, & tous les jours on met en œuvre de nouveaux moyens de l'écrafer.

Les Magiftrats jouent un des rôles les plus importants dans la Monarchie. Ils tiennent la place du Souverain dans l'adminiftration de la Juftice. La vie, l'honneur, la liberté, les poffeffions des Citoyens font entre leurs mains. Quelles ne doivent donc pas être leur probité, leur fçavoir, leur zele pour le bien ! Mais l'or feul fraie la voie à la Magiftrature : quelle contradiction !

A 4

On vend la Justice, parce qu'on a acheté le droit de la rendre ; l'honneur & le mérite restent dans l'oubli, parce que les richesses tiennent lieu de tout ; les charges les plus augustes passent sur des têtes Plébéiennes, parce que les anciennes Maisons de la Robe s'éteignent, & que des parvenus sont seuls en état de les payer. Ces Successeurs des Talon, des Molé, des Pothier, des de Harlay, portent au pied du Trône les remontrances de la Nation, & sont préposés pour enregistrer les Edits des Princes. De là le mur de division qui s'est élevé de temps en temps entre le Trône & la Magistrature.

La Noblesse est l'élite d'un Etat Monarchique, ou du moins elle doit l'être. Elle est composée des descendants des grands Hommes, qui, dans la fondation des Empires, ou dans des crises du Gouvernement, ou même dans le sein de la paix, se sont distingués par des vertus guerrieres, civiles ou politiques.

Elle est destinée à défendre le Trône, & son métier est celui de la guerre. Autrefois elle étoit toute sous les armes ; & jusqu'au seizieme siecle, elle a fait presque seule les guerres de l'Europe. Sans doute l'ordre de l'Etat qui renonce à toute autre profession qu'à la gloire de défendre la Patrie, mérite des distinctions & des privileges fur les autres Citoyens.

L'Ordre du Clergé n'appartient pas plus au Gouvernement Monarchique qu'à toute autre constitution politique. Dans quelque Etat que ce soit, il faut un culte public, & par conséquent des Ministres de ce culte. Les Prêtres sont préposés sur les Autels ; ils sont chargés de l'enseignement public de la Religion ; ils veillent à l'intégrité du dogme, à la pureté de la morale ; & tandis que les autres Citoyens entretiennent le mouvement dans la société, ils sont renfermés dans les Temples, occupés de leurs augustes fonctions, & sur-tout à prier l'Éternel pour attirer ses bénédictions sur tous les Ordres de l'Etat.

De cette source sont découlés les privileges du Clergé chez toutes les Nations. Chez les Egyptiens, chez les Babyloniens, chez les Juifs, chez les Romains, il formoit un corps respectable, distingué par ses richesses & par les dignités politiques. C'est fur ces principes que les Empereurs & les Rois ont comblé d'honneur & de biens le Clergé Chrétien.

La Religion qu'il enfeigne aux Peuples eft le plus beau préfent que Dieu ait fait aux hommes. C'eft elle qui a fait difparoître de l'Europe l'efclavage, les facrifices de fang humain, l'infanticide, & mille autres abominations qui déshonoroient l'humanité fous l'empire de l'idolâtrie. Elle a perfectionné les fociétés; elle a appris aux Rois ce qu'ils doivent à leurs Sujets, & aux Peuples ce qu'ils doivent à leurs Chefs.

Une fociété formée fur les principes de cette Religion divine, feroit fans doute parfaite. Le Monarque feroit jufte & modéré, le Magiftrat integre & incorruptible, le Guerrier courageux & intrépide, le Peuple obéiffant & foumis aux loix. Tout feroit dans l'ordre.

Une bonne légiflation contribue efficacement auffi au bonheur des Peuples. Mais où la trouver fur la terre? Les Loix des Nations les plus fages & les plus policées, font un chaos de monftruofités & de contradictions.

Tel eſt en particulier le Code de l'Europe : le Droit Romain en eſt communément la baſe, c'eſt-à-dire une collection faite au ſixieme ſiecle, de Loix la plupart conçues ſous le regne de l'idolâtrie, & toutes deſtinées à gouverner un Empire dont les trois quarts étoient ſous un ciel tout différent du nôtre. Les Souverains qui l'ont adopté, n'ont pas toujours vu que ce qui convenoit à Rome ou à Conſtantinople, ne pouvoit convenir à Paris ou à Vienne ; que les changements qui ſe ſont faits parmi nous dans la Religion, dans les mœurs, dans les uſages, dans le commerce, exigeoient des Loix différentes.

Auſſi, ſelon les circonſtances, ont-ils été néceſſités d'avoir recours à des Edits, à des Ordonnances qui ſe heurtent & ſe contrediſent quelquefois mutuellement. Les Tribunaux judiciaires ſouvent les éludent, ou les adoptent ſans principes certains, ſans uniformité. Voilà pourquoi dans la Juriſprudence on rencontre tant de diſparates, d'obſcurités, de contradictions. La multitude des Coutumes dont nous ſommes inondés, augmente la confuſion. Chaque Province a

la fienne; il eſt même des territoires particuliers qui ont les leurs. De là il arrive que
la maniere légale d'acquérir, de difpoſer ou
de poſſéder varie à l'infini.

Le droit féodal vient encore nous plonger
dans de nouvelles perplexités. Il tend des pieges
continuels aux Citoyens, pour les dépouiller
de leur bien à l'ombre des Loix. C'eſt une
ſource intariſſable de fraudes & de procès.

Voilà le tableau raccourci du Code Civil
de l'Europe; le Code Criminel & le Code
Eccléſiaſtique ſont auſſi imparfaits.

Nulle proportion entre le délit & la peine
dans la juſtice vindicative. Preſque tous les
crimes ſont punis du même ſupplice; on n'y
connoît que la privation de la vie, ou de
l'honneur, plus précieux qu'elle.

Les Loix Eccléſiaſtiques effraient par leur
nombre. Elles ſe préſentent ſous toutes ſortes
de noms & de formes: Canons, Décrétales,
Statuts, Ordonnances, Bulles, Brefs, Conſtitutions, Concordats, Pragmatiques-Sanc-
tions, Regles de Chancellerie. Comment
pouvoir concilier toutes ces Loix entr'elles?
Quelle eſt la main habile qui débrouillera

tout ce chaos de légiſlation ? Ces vœux ſont peut-être inutiles ; paſſons à de plus efficaces.

La Juſtice eſt remplie d'abus. Pourquoi ce grand nombre d'Officiers & de Gens de plume que le démon de la chicane engraiſſe aux dépens des Citoyens ? Pourquoi ces degrés de Juriſdictions qui ſe multiplient juſqu'à cinq ou ſix fois au civil, tandis qu'il n'y en a ſouvent qu'un au criminel ? Pourquoi les Cours Souveraines ſont-elles ſi éloignées des Plaideurs, que pour obtenir juſtice, il faille ſacrifier la moitié de ſa fortune ? Pourquoi cette marche ſi lente dans la procédure, qu'elle éterniſe les procès ? La meilleure maniere de ſatisfaire à ces queſtions, ſeroit de faire en ſorte qu'on ne pût les propoſer déſormais.

Ne nous laſſons pas de faire des vœux pour le bien public. Faiſons-en plus particuliérement pour que le joug accablant qui eſt ſur les Habitants de la campagne, s'allege, pour que les contraintes, les corvées, les vexations ne les écraſent pas ; & que l'aiſance, qui eſt la mere de l'Agriculture, regne parmi eux. Faisons-en pour que le terrein immense que l'on convertit en parcs & en jardins, soit restitué aux moissons. Faisons-en pour le commerce; que l'industrie ne soit pas gênée par des Réglements trop rigides & trop multipliés, par des perquisitions vexatoires, & sur-tout par des privileges exclusifs, par des péages, par des douanes. Faisons-en, enfin, pour que cette prodigieuse variété de poids & de mesures, source intarissable de fripponneries & de fraudes, soit abolie.

Mais tous ces abus, quelque criants qu'ils soient, ne sont pas les plus préjudiciables aux Etats. Il en est qui sont d'une toute autre conséquence, je veux parler de ceux qui concernent les revenus publics. Que de vices en Europe dans l'assiette des impôts, dans leur perception, dans l'administration du domaine! Il y a long temps que les Nations gémissent sous ce système de finance ruineux & destructeur; il seroit peut-être temps de le renverser.

ESSAI DE THÉORIE

SUR LE GOUVERNEMENT

MONARCHIQUE.

LIVRE PREMIER.

De l'origine des Gouvernements Civils.

CHAPITRE PREMIER.

De la sociabilité de l'homme.

L'HOMME naît, vit & meurt dans la société de ses semblables. Il ne se trouve isolé nulle part. Par-tout il est entouré d'êtres dont l'extérieur & la physionomie font un miroir où il est représenté trait pour trait.

Quelle eſt la cauſe de cette réunion des hommes ? Pourquoi dans les neiges & les glaces du Nord, comme ſous le brûlant aſpect de la Zone torride, dans l'ancien comme dans le nouveau Monde, notre eſpece ne ſe montre-t-elle jamais dans un ſeul individu, ni même en familles éparſes & diſtinctes ? mais réunie en troupe, en horde, en nation, en un mot, en corps de ſociété.

La Providence nous auroit-elle deſtinés a vivre raſſemblés, & à nous prêter de mutuels ſecours ? Ou plutôt l'état ſocial n'eſt-il pas contraire à ſes vues & à celles de la Nature ? Cette queſtion ainſi ſimplifiée & réduite à ſes juſtes termes, eſt facile à réſoudre.

Tout invite l'homme, je ne dis pas à l'état civil, il n'en eſt pas encore temps, mais à l'état ſocial. Le beſoin lui en fait une loi ; le penchant lui en fait un plaiſir ; & les facultés qu'il tient de la Nature, indiquent que c'eſt l'intention de ſon Auteur.

Que deviendroit-il dans les différentes périodes de la vie, ſans l'aide de ſes ſemblables ? Dans l'enfance, ſi une main bienfaiſante & induſtrieuſe ne pourvoit à ſes beſoins,

il faut qu'il périffe. Son état de foibleffe &
de mifere demande des fecours continuels,
qui le conduifent jufqu'à cette acquifition de
forces phyfiques néceffaires pour pourvoir à fa
confervation. Le temps de ce développement
eft bien plus long chez lui que chez les autres
animaux. Quelques mois fuffifent aux lions
& aux tigres pour qu'ils foient pourvus
d'armes & de forces propres à fe procurer le
néceffaire; mais des années entieres fuffiroient
à peine à l'enfant le mieux conftitué, pour
pouvoir affurer fa vie.

Suivons-le dans la jeuneffe & dans l'âge
viril. Abandonné à lui-même, & fans aucune
efpece d'éducation, nous ne verrons en lui
que groffiéreté, ignorance, idées confufes.
Il ne fera diftingué de la brute, que parce
qu'il marche fur deux pieds. Moins pourvu
qu'elle de défenfes naturelles, fans poils,
fans griffes, fans dents meurtrieres, il fera
expofé aux injures & aux intempéries de
l'air, aux infultes & au carnage des bêtes
féroces, dont il deviendra infailliblement la
proie. Roi de la Nature par fon effence, il
fera l'efclave imbécille de la Nature entiere.

B

Est-il parvenu à la vieilleſſe, ſon état de débilité le rend auſſi dépendant des ſecours étrangers, qu'il l'étoit dans la plus tendre enfance. Ses ſens ſont émouſſés ; ſes forces diminuent de jour en jour ; les douleurs, les infirmités, les maladies l'accablent ; que fera-t-il, réduit à lui-même, pour ſatisfaire aux nouveaux beſoins qu'entraînent ces privations & ces maux ?

Je ſuis homme, diſoit un Ancien, & rien de ce qui touche l'homme ne m'eſt étranger. Il ſemble que ce ſoit l'expreſſion générale de l'eſpece humaine. Si quelqu'un nous aborde avec un air de gaieté, auſſi-tôt le contentement ſe peint ſur notre viſage ; les larmes d'un inconnu nous touchent avant que la réflexion nous ait attendris ſur ſon ſort ; les cris éloignés d'un de nos ſemblables nous font courir à ſon ſecours, par un inſtinct qui précede toute délibération.

Ces penchants naturels à l'homme, & que ſes paſſions étouffent quelquefois, ſeroient inconnus, ou au moins ſans objet pour le barbare qui vivroit iſolé. En effet ſa ſituation ferme à la bienveillance & à la compaſſion l'entrée de ſon ame ; ces vertus ne ſe développent & n'acquierent d'énergie que par comparaiſon : & où ſont les objets de comparaiſon pour un être qui ne ſent que ſa ſolitude ?

La joie même, ce ſentiment vif & profond qui navre l'ame de l'homme ſocial, n'exiſtera pas pour lui, ou ne ſera que la ſenſation ſtérile d'une ſatisfaction momentanée ; car tel eſt le charme de cette paſſion, qu'elle n'eſt jamais plus ſenſible, que lorſqu'on peut la faire éclater aux yeux de ſes ſemblables ; elle redouble en ſe communiquant, parce qu'à notre propre ſatisfaction ſe joint le jugement flatteur que nous en cauſons auſſi aux autres.

Le chagrin, au contraire, accablera ſon ame de toute ſa maſſe ; tous ſes aiguillons ſe feront ſentir en même temps à ſon cœur. Il diminue, il s'adoucit lorſqu'on peut le partager avec quelqu'un ; c'eſt la chaîne des forçats, dont le poids s'allege à proportion du nombre des malheureux qui la portent. Mais qui partagera ſa triſteſſe & ſes chagrins ? Les animaux ſauvages, qui ſont ſes plus proches voisins, sa seule société, pourront-ils compatir à ses maux?

Enfin, l'Être-Suprême a donné à l'homme des facultés, des talents qui démontrent sa destination à la société. Arrêtons-nous à deux qualités générales, qui affectent la totalité du genre humain. Pourquoi cette diversité de talents parmi les hommes? Pourquoi les uns ont-ils une aptitude à bien faire certaines choses, qui sont comme impossibles à d'autres, tandis que ceux-ci, à leur tour, ont une industrie dont la Nature a été avare envers les premiers? On ne voit point parmi eux cette uniformité de goût, de génie qui se fait remarquer dans les autres especes. Chaque tête a ses idées, de même que chaque cœur a ses inclinations. Pourquoi donc cette variété? afin, sans doute, que les hommes s'entr'aident & qu'ils vivent dans un commerce mutuel de services.

Raisonnons de la même maniere de la faculté de la parole; ce canal de communication si avantageux pour rendre ce qui se passe au-dedans de nous; par lequel nous faisons part de nos projets, de nos systêmes, de nos raisonnements. L'homme dans l'état de nature en auroit-il besoin ? Des cris confus, des hurlements qui écarteroient l'animal qui voudroit lui disputer sa nourriture, ou son gîte, lui suffiroient.

Ainsi pour méconnoître la destination de l'homme à la société, il faut en faire un automate isolé, jeté au hasard sur la terre, réduit à la condition des bêtes; à qui il suffiroit, pour être heureux, d'avoir un instinct & des organes, des mains & des dents; mais si l'homme a une raison à cultiver, une ame à perfectionner, des devoirs à remplir, il est, sous la main de Dieu, destiné à vivre en société avec ses semblables.

CHAPITRE II.

De l'origine de la société.

LA terre n'a pas toujours été aussi peuplée qu'elle l'est ; il a été un temps où les hommes y étoient très-rares, si l'Histoire mérite quelque croyance ; la Grece, une grande partie de l'Afrique, l'Europe entiere ont été couvertes de forêts, de déserts ; les animaux s'y étoient multipliés énormément, & les hommes y étoient en très-petit nombre.

Cette rareté de l'espece a dû les tenir long-temps séparés. A quels malheurs le genre humain n'étoit-il pas alors exposé ! Point d'union, point d'assistance mutuelle, point d'animaux domestiques, point de grains restaurateurs : que de maux de toute espece les hommes dûrent éprouver !

Leur condition étoit à-peu-près semblable à celle des quadrupedes ; leur nourriture étoit des fruits sauvages, le gland des bois, des racines, peut-être la chair du gibier timide

& foible qui se laissoit prendre à la course.
L'arbre qui, dans son état de vigueur, leur
fournissoit des fruits, devenu vieux, leur
servoit d'habitation. Tel est l'état où, dans
des siecles reculés, Pline, Diodore, Hérodote
nous représentent le genre humain, excepté
les heureux Peuples d'Asie.

Mais par quel miracle l'homme s'est-il tiré
de cet état? Comment s'est opéré le passage
de la vie animale à la société? Ce problême
est intéressant. Les Philosophes se sont exercés
à le résoudre; leurs opinions en ceci, comme
sur bien d'autres sujets, se croisent, se con-
tredisent : examinons-les.

Les uns prétendent que c'est la timidité
naturelle, la crainte des bêtes féroces, ou
de leurs semblables, qui ont porté les
hommes à se réunir; d'autres, que c'est la
violence qui les a tirés des forêts pour les
faire vivre en société; d'autres, enfin, que
c'est l'Agriculture qui leur a fait abandonner
les fruits sauvages, pour se nourrir de bled
& vivre dans des villes.

Ces systêmes ne sont pas destitués d'apparence de vérité; ils ne présentent rien de

déraisonnable ; peut-être même que quelques sociétés se sont ainsi formées. Cependant je soupçonne, en général, que ce n'est pas là la marche de la Nature. Je vais proposer mes doutes.

Nul animal ne fuit que par l'idée du danger ; il n'a cette idée que par l'expérience ; donc une espece n'est timide que par le sentiment de sa foiblesse. Or, de toutes les especes, celle de l'homme, dans sa vigueur, est, sinon celle qui a le plus de force, au moins est-ce celle qui a le plus d'avantage ; & qui, par conséquent, a, dans l'état de nature, plus de hardiesse. L'homme naturel ne craint rien, pas même ses semblables, qui ne sont dangereux pour lui, que lorsqu'ils sont déjà réunis en société. L'espérance de se défendre plus aisément ne peut pas agir davantage sur son ame ; ce motif n'est appuyé que sur l'idée de la crainte, qui est nulle, comme le danger, pour l'homme avant la société.

De même, avant toute confédération, chaque homme vit libre, indépendant. Il n'est point de chaînes qui l'attachent à d'autres hommes; il échappe à tous leurs pouvoirs; il est insaisissable de tous côtés : à force égale, qui pourra le dompter ? Si tous les lieux lui sont bons pour vivre & subsister, qui pourra l'atteindre & l'emprisonner sur un coin de terre ? S'il n'y a pas encore de chaînes, qui lui liera les membres ? Or, laissez les membres libres à l'homme naturel, il est libre tout entier.

Ce n'est que par les besoins & les plaisirs qu'on l'enchaîne : dans la société, retenu par le bien-être, esclave de son bonheur, les chaînes qu'il porte sont des liens aimables, que des divinités tutélaires ont tissus d'épis & de fleurs. Mais tirez-le de là, c'est un animal indomptable.

Les faits sont conformes à cette théorie. Dans l'Amérique, en Virginie, si nous en croyons les Voyageurs, on a trouvé des hommes qui n'étoient point encore parvenus aux premiers rudiments de la société, qui vivoient solitaires & indépendants, sans être unis à aucune horde, à aucune troupe de sauvages. On a voulu les atteindre, les tirer de ce misérable état, sans pouvoir y réussir.

L'Agriculture ne me paroît pas plus avoir donné naissance à la société. Je sçais bien, & les faits, comme je le prouverai dans la suite, dépofent en faveur de cette vérité, que c'eft l'Agriculture qui a tiré les hommes de la vie fauvage & barbare, pour les conduire à la vie civile; mais de l'état de l'homme naturel à la société civile, il y a des efpaces immenfes à parcourir. Il s'agit ici des premiers éléments des grandes fociétés, de leur premiere origine; or, l'Agriculture n'en a pas été la caufe.

Cet Art, le plus précieux fans doute à l'humanité, confidéré dans la perfection qui le rend utile aux Peuples, a befoin des autres Arts qui ne font nés que dans le fein de la société perfectionnée. Comment donc fuppofer que des hommes féparés, difperfés, fans inftruments propres au labourage, fans le fecours des animaux domeftiques, auroient cultivé des arbres ou la terre, dans l'efpérance d'une récolte l'année d'après? Ces opérations demanderoient des idées des réflexions, des combinaifons dont l'homme fauvage n'eft pas capable. Lors même qu'il vit avec ses semblables, il ne pense pas au lendemain.

Mais quelle est donc la cause des sociétés primitives? Je vais exposer mes idées sur cette question, sans système, sans grandes recherches, sans imaginations.

Les desirs mutuels des deux sexes les rapprocherent; de là des enfants, une famille. Cette cause est générale, uniforme, elle agit par-tout & dans tous les temps. Ainsi les individus de notre espece, répandus dans un désert, dans une forêt, dans une contrée, formerent différentes familles; ces familles peu-à-peu s'accrurent, s'agrandirent. Il y en eut vraisemblablement quelques-unes qui devinrent assez nombreuses pour former des peuplades, qui, par le laps des siecles, se multiplierent & devinrent de grandes Nations. Il paroît certain, par l'Histoire, que plusieurs Peuples d'Asie se sont ainsi formés, & en particulier le Peuple Juif.

Mais il est peut-être difficile de s'imaginer qu'une Nation puissante n'a été originairement qu'une seule famille solitaire & entourée de mille dangers. Supposons donc qu'une des

familles primitives s'étende d'orient en occident, une autre d'occident en orient, une
troisieme du septentrion au midi, une qua-
trieme du midi au septentrion; elles se ren-
contreront nécessairement, soit par la multi-
plication naturelle, soit en chassant, soit en
recueillant le fruit stérile des forêts. Les
voilà en présence : que feront-elles? Se feront-elles la guerre ? Mais pourquoi faire
l'homme naturel méchant? Les animaux de
la même espece ne s'entre-détruisent pas; ils
se partagent leurs déserts, ils se partagent
même leurs proies. Dans cette situation de
nos familles, il y eut des besoins opposés &
des efforts contraires ; il fallut donc convenir
entr'elles, & faire une association.

Tel a été le frêle commencement des
Peuples nombreux, des Nations puissantes.
Ce foible ruisseau est devenu un fleuve ma-
jestueux. C'est ainsi que tout naturellement,
sans violence, sans foiblesse, sans Agriculture, la société naquit de la rencontre des
hommes. La terre fut une ruche où il fallut
s'arranger.

Je n'exclus pas les invasions postérieures,

les brigandages, les conquêtes, les fonda-
tions des Empires; mais il eft évident qu'elles
ne furent pas l'établiffement de la fociété
primitive. Il y avoit déjà des fociétés, lorfque
les brigands & les conquérants parurent.

L'origine de la fociété doit donc être at-
tribuée à la faculté qu'eut l'efpece humaine
de fe multiplier, de s'étendre, de s'augmenter en nombre; tandis que les autres efpeces
d'animaux font reftées ifolées & dans l'équi-
libre, fans qu'aucune ait dominé fur une
autre. N'eft-ce pas là en effet la marche de
la Nature ? La fociété n'eft-elle pas d'autant
plus avancée fur un efpace de terrein donné,
que les hommes y font en plus grand nombre?
au lieu que dans ces vaftes déferts de l'Amérique, où les hommes font rares, la fociété
eft encore au berceau.

CHAPITRE III.

Du droit de propriété.

Les hommes ayant erré pendant long temps, peut-être pendant des fiecles entiers dans les bois & les déferts, fe rapprocherent peu-à-peu, comme nous venons de le voir, fe réunirent en diverfes troupes, & formerent enfin dans chaque contrée une nation particuliere.

Cette premiere affociation dut fans doute faire changer de face à la terre; alors on connut la valeur de ces mots, *le tien & le mien*. Le droit à tout que chacun avoit dans l'état de nature, dut fe reftreindre, dans l'état focial, au droit à une partie. En un mot, la propriété dut alors s'établir, la communauté des biens ne pouvant fubfifter, quelque fociété que l'on imagine.

On conçoit aifément que les hommes avant de connoître la propriété des terres & des fonds, connurent une autre efpece de poffefsion ; celle des instruments de leur chasse & de leur pêche ; celles des huttes dans lesquelles ils se retiroient, pour se mettre à l'abri des injures de l'air & des incursions des bêtes carnacieres ; peut-être même celle des arbres sauvages dont les fruits fournissoient à leur subsistance. Les Nations sauvages connoissent cette espece de propriété ; & c'est presque la seule qui soit parvenue à leur connoissance. Elle fut sans doute originairement le fruit du travail & de l'industrie. Mais voyons quelle fut la cause de la propriété des fonds.

L'Auteur de la Théorie des Loix remonte à une premiere usurpation, pour établir le droit de propriété. Son système est une jolie imagination que je me permettrai d'exposer ici.

Au commencement des générations, l'espece humaine, selon lui, étoit séparée en deux classes : l'une étoit composée de Chasseurs, l'autre de Cultivateurs.

L'Agriculteur, à l'aide de ses graines nourrissantes & des laitages de ses troupeaux, goûtoit dans les plaines les plaisirs de l'abondance : ces agréments dont il sentoit le prix,

dûrent lui faire porter des soupçons inju-
rieux sur les autres hommes; il dut craindre
que par envie ils ne les lui ravissent. Il s'en-
fonça donc dans la solitude, dans des vallées écartées, couvertes par les rochers & les
bois des montagnes qui les environnoient.

Au contraire le Chasseur, fier de son arc
& de ses flêches, ne s'étant encore attaché à
aucun objet, ne sentant d'autre impression
que le besoin, devoit avoir choisi les forêts
& les hauts lieux. C'est là où toutes ses con-
noissances & l'exercice de ses facultés se rédui-
sant à poursuivre, à atteindre, & à déchirer
le cerf & le taureau, son ame devoit s'endurcir, se faire à la violence & au carnage.

Plusieurs Chasseurs se réunirent, ou par
sympathie de caractere, ou pour se prêter la
main. Après une chasse longue, pénible &
infructueuse, excédés de fatigues & de besoin, ils jettent autour d'eux des regards
d'avidité & de désespoir. Ils apperçoivent
dans les bas-fonds, qu'ils avoient dédaignés,
une proie tranquille, grasse & facile à saisir.
Aussi-tôt la troupe affamée s'élance avec im-
pétuosité sur les bœufs & sur les moutons de
l'Agriculteur.

l'Agriculteur. Le fang coule de toutes parts fous leurs mains & leurs dents meurtrieres. Le pauvre Colon eft chargé de chaînes ; ou plutôt ils en font un Fermier, qui, fe réfervant une part modique du fruit de fon travail, abandonne le refte à ces brigands.

Ce premier fuccès enhardit nos ufurpateurs ; ils parcourent fucceffivement les autres vallées, où ils trouvent d'autres Cultivateurs, auxquels ils impofent le même joug. Enfin le partage des poffeffions de ces malheureux, afservis à la glebe autant par leur propre intérêt, que par la barbarie de leurs premiers maîtres, fe fait entre nos Chaffeurs. Ils font des loix pour s'en attribuer la propriété & l'ufufruit ; & ils décernent des peines rigoureufes contre quiconque ofera enfreindre ces droits facrés.

Cette idée brillante au premier coup-d'œil, examinée & approfondie, fe montre de toute fauffeté.

1°. Elle porte fur une hypothefe qui n'a de fondement ni dans la Nature, ni dans l'Hiftoire. Où fon Auteur a-t-il vu que les hommes, au commencement des générations, étoient partagés en Chasseurs & en Laboureurs ? On pourroit dire avec autant de certitude, même avec autant de vraisemblance , qu'ils étoient tous pêcheurs ou bergers. Mais le fait est, fait avoué par toute l'Histoire, qu'il y a eu une dégénération dans notre espece, après la dispersion des enfants de Noé, qui a précipité le plus grand nombre dans l'état sauvage ; or les Sauvages ne connoissent ni l'Agriculture, ni les instruments du labourage.

2°. Comment l'Auteur ne s'apperçoit-il pas qu'il suppose ici la question ? pour qu'il y ait un usurpateur, il est évident qu'il faut un possesseur en vertu d'un autre droit. Or ce droit, quel est-il ? Il est vrai que dans l'établissement de la plupart des Empires, ce droit a été enfreint. C'est là la révolution ; mais ce droit est si sacré, qu'il a été revivifié dans chaque état l'instant d'après. La génération des premiers possesseurs étant brisée par l'invasion des brigands, il faut recommencer une autre suite de propriétaires. Donc l'usurpation n'est point un droit ; elle n'est que l'interruption momentanée d'un droit, qu'elle est obligée d'adopter aussi-tôt. Ainsi il faut avoir recours à une autre cause, pour s'assurer de l'origine & du droit de propriété.

Je vois l'un & l'autre dans le droit de premier occupant & de premiere culture.

Les hommes, réunis en société, voyant qu'ils pouvoient tirer parti de la terre pour leur subsistance, se mirent à la cultiver ; chacun resta attaché au sol, qui, après quelques essais, avoit déjà rempli ses espérances, & qui lui en donnoit de plus flatteuses encore pour l'avenir.

Cette origine est d'autant plus naturelle, qu'il est impossible de concevoir l'idée de la propriété, naissante d'ailleurs que du travail & de l'industrie. L'homme, pour s'approprier les choses qui ne sont point à sa possession, n'a d'autre moyen & d'autre ressource que ses sueurs & ses peines. C'est la seule main-d'œuvre, qui, donnant droit à l'Agriculteur sur le produit du champ qu'il a labouré, lui en donne conséquemment sur le fonds, au moins jusqu'à la récolte, & ainsi d'année en année; ce qui constitue une possession successive, qui se transforme nécessairement en propriété.

C 2

De la culture des terres, suivit leur partage; de leur partage, la propriété; & de la propriété une fois reconnue, les premieres regles de justice. Car pour rendre à chacun le sien, il faut que chacun ait quelque chose.

De plus, les hommes commencerent alors à porter leurs vues dans l'avenir; ils voulurent assurer leurs possessions à leurs descendants. Les réglements civils vinrent à leur aide, parce que non seulement les enfants ayant été les coopérateurs du travail des peres, avoient plus de droit à un bien qu'ils avoient aidé à défricher, que des étrangers; mais encore parce que l'intérêt des sociétés demandoit qu'on leur assurât ce droit, & qu'on le rendît incontestable, afin de les retenir, par ce lien, dans le sein des associations naissantes.

CHAPITRE IV.

Des différentes efpeces de. fociété.

EN jetant un coup-d'œil fur notre globe, nous voyons que les hommes different autant entr'eux, par la maniere dont ils vivent, & par leurs inftitutions fociales, que par la figure, la taille & la couleur de leur peau. Si les uns font blancs, d'autres noirs, d'autres olivâtres, d'autres roux; s'il y en a qui ont la tête ronde, d'autres ovale, d'autres plate, d'autres pointue; s'il s'en trouve qui n'ont que trois pieds & demi, quatre pieds de hauteur, d'autres cinq, d'autres fix; il y a auffi des Peuples entiers qui font chaffeurs, d'autres bergers, d'autres cultivateurs, d'autres pêcheurs. Prefque tous les Sauvages de l'Amérique, & un grand nombre des Peuples du centre de l'Afrique, font chaffeurs; les Groenlandois, les Efquimaux, tous les Barbares qui habitent les bords des mers & des fleuves, font pêcheurs; les Lapons, les Tar-

tares, les Caffres, les Arabes font bergers ;
& les autres Peuples qui font répandus fur
la furface de la terre, font Agriculteurs.

De toutes ces Nations, celles feules chez
qui fleurit l'Agriculture, font policées, c'eft-
à-dire, ont des Villes & des Arts. Les autres
font toutes plus ou moins plongées dans la
barbarie.

Celles qui font leur occupation de la
chaffe, font des peuplades vagabondes, qui
habitent les déferts & les bois ; elles font
difperfées fur une fuperficie immenfe de terrein. Aujourd'hui elles font dans telle forêt,
telle contrée, demain elles feront à quinze,
vingt lieues de là, & trois femaines, un mois
après, à cinq, fix cents lieues.

Leur façon de vivre exige ces émigrations
& ces voyages ; elles ne fubfiftent que du
produit de leurs flêches & de leurs maffues,
que du gibier qu'elles tuent ou qu'elles prennent à la courfe ; elles font donc néceffitées
à le fuivre par-tout où il s'enfuit & fe retire.

Les Peuples pêcheurs n'habitent guere la
terre que pendant l'hiver ; ils font alors dans
une efpece d'engourdiffement & de végé-

tation. Dans la belle faifon, ils fe répandent fur leurs mers, leurs lacs, leurs fleuves. Ils vivent du fruit de leur pêche, dont ils réfervent une partie, qu'ils font fécher & enfumer pour leur fervir de nourriture pendant l'hiver.

Les Nomades ou bergers font, tant au moral qu'au phyfique, au-deffus de ceux dont nous venons de parler ; ils ne font cependant pas à comparer aux Peuples civilifés, mais ils tiennent le milieu entre l'état fauvage & l'état civil, & font à-peu-près à la même diftance de l'un & de l'autre.

Ils ne vivent point de pêche & de chaffe ; ils ne font donc pas obligés de fe difperfer dans une vafte étendue de terrein pour chercher leur nourriture ; ils ne font donc pas inceffamment occupés à fatisfaire les befoins de premiere néceffité ; ils ont donc le loifir de réfléchir, de combiner, d'acquérir des connoiffances : c'eft ce qui les empêche de tomber dans la vie fauvage. Ils entretiennent de nombreux troupeaux, dont le lait & la chair leur fervent de nourriture ; la laine & la peau, de vêtements ; ils ne peuvent donc pas se fixer entre des murs; ils sont donc contraints de changer souvent d'habitations pour trouver à leurs bestiaux des pâturages frais; ils ne peuvent donc pas cultiver les Arts, avoir des Manufactures : c'est ce qui met entre leur existence & celle des Peuples policés, une distance infinie.

Cependant ils vivent en société, ils sont réunis en corps de Nation ; ils ont des usages, des coutumes ; l'inégalité des conditions est connue parmi eux; on y distingue le riche du pauvre, le puissant du foible; chaque Tribu a son Chef ou son Roi; ils ont même une espece de Code ; le droit de propriété est connu chez eux, ainsi que l'ordre des successions.

Il faut en dire autant des Peuples sauvages; quoique leur société ne soit pas aussi parfaite, ils en ont une cependant entr'eux ; ils connoissent les loix de l'hospitalité , & les observent religieusement; ils se réunissent à certains signaux pour des chasses, des pêches, ou d'autres entreprises; ils ont des Chefs à qui ils obéissent, ils ont des usages dont ils ne se département point.

La ſociété de ces Barbares n'eſt, à la vé‑
rité, qu'ébauchée, elle eſt inculte & groſſiere;
mais ce n'en eſt pas moins une. Ils ſont au
premier degré de l'échelle, les Nomades
occupent le milieu, & les Peuples policés
ont atteint le ſommet.

CHAPITRE V.

Des causes de la société civile.

Les Peuples, dans leur origine, ont été tous plus ou moins barbares. Peu-à-peu ils se sont tirés de cet état, les uns plus vîte, les autres plus lentement. Il seroit inutile & presque impossible de s'arrêter aux différents progrès que chacun a fait dans la vie civile. Ainsi, sans marquer les degrés & les nuances par lesquels ils sont passés, je vais développer le principe de leur civilisation.

La cause que je lui donne est l'Agriculture ; elle me paroît avoir agi sur les Nations qui ont été plongées dans la vie sauvage, comme sur celles qui ne sont pas passées par ce malheureux état, & les a conduit les unes & les autres du sein de la barbarie, à la situation florissante des Peuples civilisés.

L'Histoire de Moïse, la plus ancienne de toutes, & celui des monuments antiques qui, indépendamment des preuves de la révélation, porte le plus de caracteres de vérité, nous repréfente les defcendants de Noé cultivants, à l'exemple du Patriarche, les plaines de l'Affyrie, où ils fe répandirent après le déluge. Jufqu'à leur difperfion, ils firent fruétifier cette contrée par l'Agriculture.

Nemrod y refta feul avec fes enfants, après l'émigration de fes freres. Le travail de fa nombreufe famille entretint & augmenta l'abondance que des mains étrangeres avoient fait éclorre dans cette terre. Du fein de cette abondance s'éleverent un grand nombre de Villes, Babylone, Arach, Achad, Calanné, Ninive. Nemrod, chaffeur redouté des bêtes féroces, qu'il éloignoit des confins de fes Etats, & chef de ce Peuple heureux, en fut le premier Roi.

Tandis qu'il cimentoit ainfi les commencements du premier Empire du monde, Mefraïm fondoit celui des Pharaon & des Ptolomée. La colonie de ce dernier s'étant arrêtée fur les bords fertiles du Nil, exerça prefque fans peine & fans travail, l'art utile de fes peres. Le limon gras que ce fleuve répand fur les campagnes, dut la faire jouir

bien vîte d'une riche récolte ; auffi la population, produit de l'abondance, fut-elle très-
grande. Bientôt les Egyptiens fe fignalerent par
des ouvrages immortels ; bientôt ils bâtirent
des villes confidérables. Thebes, Memphis,
Tanis exiftoient long-temps avant le féjour
des Juifs en Egypte.

Voilà deux Peuples, fameux dans l'Hiftoire, élevés jufqu'à la fociété civile par
l'Agriculture. Il en eft de même des Phéniciens ; ils tranfporterent de l'Affyrie dans la
terre fertile de Canaan, l'art des Patriarches.
Leur induftrie les rendit dans peu recommandables aux autres Nations. La navigation, le commerce, les fciences prirent naiffance chez eux ; & de là, ainfi que de l'Egypte,
pafferent dans notre Europe.

Si dans la Grece l'efpece humaine s'abâ-
tardit, fi elle fut long-temps réduite à
l'état des quadrupedes, comme l'atteftent fes
anciens Hiftoriens, c'eft que l'Agriculture
trouva dans ce pays des obftacles prefque infurmontables. La nature du fol fur
lequel s'établirent les enfants de Japhet,
les inondations dont cette région fut affligée,

à plusieurs reprises, empêcherent ses progrès.

D'un côté, cette terre, qui est devenue si illustre par les grands Hommes qu'elle a produits, est bien différente de la fertile Assyrie, & des bords enchantés du Nil. Elle ne renferme que très-peu de plaines, encore font-elles entrecoupées par des collines, des pics, des rochers. Les isles qui l'entourent & qui en font la partie la plus considérable, ne font que les sommets de hautes montagnes qui font toujours stériles..

De l'autre, ces déluges effrayants, dont les Historiens & les Poëtes nous ont laissé des descriptions affreuses, ont dû replonger ces Peuples dans l'état sauvage, si par un travail opiniâtre ils en étoient déjà sortis.

Il n'est donc pas étonnant que les Grecs se soient laissé devancer dans la vie civile, par les Egyptiens & les Phéniciens, qui ont été leurs maîtres dans tous les Arts. Mais l'Agriculture a plus contribué à les tirer de la barbarie, que le commerce des Nations déjà policées. Un Peuple qui ne connoît pas l'abondance, sera toujours barbare ; or l'Agriculture seule la produit. Voilà pourquoi elle a été si recommandable aux Grecs même. La charrue d'or de la fable est un emblême énergique des bienfaits dont elle les avoit comblés.

Pour completter ces preuves & leur donner un nouveau développement, jettons les yeux sur des Peuples qui nous touchent de plus près. Les Gaulois, les Germains, les Espagnols, les Bretons n'ont-ils pas été tirés du fond de leurs bois & de leurs marais, & civilisés par l'Agriculture ? Chasseurs & guerriers, ils étoient sauvages ; cultivateurs, ils se sont policés.

Depuis César, ne voyons-nous pas, dans l'Histoire, nos peres s'élever peu-à-peu sur les aîles de l'Agriculture, changer leurs huttes en maisons, leurs bourgades en villes, fixer les Arts parmi eux, & devenir les Nations les plus riches & les plus puissantes de la terre ?

Les Romains, qui les subjuguerent, leur apprirent une science dont ils avoient eux-mêmes reçu des leçons des Grecs ; l'art utile & précieux de cultiver la terre, de déchirer son sein pour en tirer sa subsistance.

Alors ils substituerent aux bois & aux

marais qui couvroient leurs provinces, la vigne, les arbres fruitiers, les graines nourrissantes; & dans la suite, ces contrées, que le Ciel sembloit avoir condamnées à des frimats éternels, à une stérilité insurmontable, devinrent fertiles, & leurs Habitants se civiliserent.

Continuons le coup-d'œil sur les autres Nations. Celles qui sont puissantes & heureuses ne tirent-elles pas leur bien-être de l'Agriculture? Les Turcs, les Persans, les Chinois, les Japonnois ne sont-ils pas cultivateurs? Les révolutions qui sont arrivées dans ces Empires, en ont renversé les usages, les constitutions, la Religion même; mais elles ont respecté l'Agriculture. Leurs Conquérants ne connoissoient avant l'invasion, que le métier de la guerre, & alors ils étoient barbares; mais depuis qu'ils ont appris celui de laboureur, qu'ils ont changé leurs épées en charrues, ils se sont policés.

Les brigands mêmes des côtes septentrionales de l'Afrique, ces marins redoutés des Puissances Chrétiennes, qui en font la honte & le désespoir de leurs provinces maritimes, n'ensemencent-ils pas les campagnes qui font autour de leurs repaires? Alger, Tunis, Tripoli ne font-elles pas entourées de jardins & de fermes que des bras chrétiens cultivent fous la verge du Croiffant?

Au contraire, les Nations chez lefquelles l'Agriculture n'a pas percé, font les plus pauvres, les plus groffieres, les plus barbares, les plus malheureufes du globe.

Les Negres, les Caraïbes, les Criftinaux, & tous les Sauvages du nord de l'Europe ou de l'Amérique, font des hommes qui menent la vie la plus miférable, même phyfiquement: s'ils ne changent ou leurs haches & leurs flêches, ou leurs harpons & leurs filets en charrues & en hoyaux, ils feront toujours malheureux. Mais nous les invitons peut-être en vain à prendre une autre maniere de vivre. Les plaines brûlées de l'Afrique & les terres glacées des Pôles feront - elles jamais fufceptibles de culture? Leurs infortunés Habitants femblent donc être condamnés à refter éternellement dans la barbarie.

CHAPITRE

CHAPITRE VI.

De la prééminence de la fociété civile fur toutes les autres.

LA fociété civile, dont je prétends ici établir la prééminence, n'eft pas une affociation d'égalité, où les hommes vivroient dans un commerce mutuel de fervices & de bienfaits, dans une fimplicité fans fafte, dans un bien-être fans jaloufie; où les honneurs & les richeffes feroient également diftribués fur toutes les têtes; & où les Citoyens, ne reconnoiffant aucune fupériorité, feroient indépendants les uns des autres.

Cet état, quelque flatteufe qu'en foit l'image, n'eft pas poffible. Il faudroit, pour en réalifer l'idée, ôter à l'homme l'amour-propre, l'ambition, l'intérêt, toutes fes paffions; car dès-lors que vous fuppofez dans l'homme des paffions, qu'il peut diriger vers le bien ou vers le mal, dès-lors une partie de cette fociété fantaftique fe déclarera contre l'autre; le fort opprimera le foible, ils

D

ne posséderont rien tranquillement, ils ne
jouiront d'aucun repos; & cet édifice d'une
égalité éblouissante s'écroulera. Il faut donc
en reléguer l'idée dans les fictions des Poëtes,
avec le siecle d'or & les fables qui lui ont
donné naissance.

Cependant toute autre société que celle à
laquelle nous donnons l'exclusion, est-elle
préférable, est-elle comparable même à cet
état de liberté & d'indépendance où vivent
les Peuples sauvages? Oui.

En vain voudroit-on nous exagérer les
maux que l'intérêt, la jalousie, le luxe,
l'amour des plaisirs causent chez les Nations
policées.

Je conviens qu'il y a dans toute société
civile, des forces, des puissances qui s'exercent en tout sens, qui nuisent, qui offensent,
qui détruisent. Il y a des passions, il y a des
vices; l'ambition, qui s'agrandit de ruines,
la tyrannie, qui s'affoiblit de ses propres
forces, s'étendent & font effort; la servitude
même y naît quelquefois; & malgré la libre
équité, qui est le droit de l'état civil, comme
celui de la Nature, l'asservissement s'y glisse

plus ou moins. Telles font, à la vérité, les abus qui se mêlent dans l'état civil, mais ce n'en est pas le droit. C'est un vice destructeur de cette constitution, auquel la législation s'oppose de tout son pouvoir.

Mais je veux bien que tous ces maux, dont vous grossirez, tant qu'il vous plaira, les abus, y existent & soient sans remede, cependant je n'en assurerai pas moins que l'état civil est infiniment préférable à la vie sauvage. Je le prouve.

Supposons, pour un moment, notre globe habité seulement par des Sauvages. La terre manquant absolument de culture, parce que les Sauvages ne labourent pas, deviendra nécessairement un immense marais par le débordement continuel des fleuves, des lacs, des rivieres; les montagnes & les lieux élevés se couvriront de bois, les reptiles conséquemment & les bêtes féroces se multiplieront à l'infini. Il faudra donc que les hommes, sur cette terre désolée, soient toujours aux prises avec les animaux carnaciers; & si malheureusement il arrive qu'ils aient le dessous, alors l'espece humaine disparoîtra absolument de deſſus le globe, parce qu'elle ne ſera jamais en état de reprendre ſur eux la ſupériorité qu'elle aura une fois perdue. Les barbares qui habiteront ce ſéjour frappé de malédiction, ſeront auſſi en guerre journaliere les uns contre les autres; ne vivant que de pêche & de chaſſe, ils ſe battront ſans ceſſe pour ſe diſputer leur nourriture, toujours d'autant plus difficile à trouver, que la terre ſera moins cultivée.

Ce tableau s'eſt trouvé en nature dans l'Amérique, lors de ſa découverte, ſi nous en exceptons le Pérou & le Mexique. Tous les Voyageurs nous atteſtent qu'il y avoit dans cette partie infortunée du monde, plus de cent bêtes carnacieres ſur un ſeul individu à face humaine; qu'elle n'étoit habitée que par des vagabonds qui s'entre-détruiſoient les uns les autres. Leurs guerres étoient interminables, par la raiſon que je viens de donner, leur maniere de vivre ne pouvant pas comporter de paix; il falloit qu'ils ſe battiſſent ou qu'ils mouruſſent, car il s'agiſſoit de leur ſubſiſtance; il falloit faire la guerre, par la raiſon qu'il falloit manger.

Voilà l'état où la vie fauvage avoit réduit les Habitants de cette malheureufe contrée, & où elle retient encore plufieurs de fes Peuples, ainfi que des Nations entieres du centre de l'Afrique. N'eft-il pas étonnant qu'il fe foit trouvé des Panégyriftes de cette maniere de vivre trifte & affreufe ? Ces raifonneurs font des vœux, fans s'en appercevoir fans doute, pour l'anéantiffement du genre humain.

Les partifans de l'erreur que je combats, ne fe contentent pas d'élever la condition des Sauvages bien au-deffus de celle des Peuples policés ; ils prétendent encore que les inftitutions civiles font contre nature, & que toute légiflation eft le renverfement de fes loix les plus facrées. J'aimerois autant dire que fe nourrir de bled ou de riz, cultiver fa raifon, exercer des vertus utiles, & faire fleurir les Arts, c'eft fe dégrader de la qualité d'homme. Mais rapprochons cette affertion des premieres notions de la loi naturelle, & nous en verrons bientôt la fauffeté.

La loi naturelle nous apprend à tous, que l'homme, par fon effence, eft tout à la fois créature dépendante de Dieu, être sociable & ami de lui-même. De là la loi primitive, unique dans son principe, se partage en trois branches, relativement à ces trois rapports essentiels de l'homme. Ainsi il trouve au-dedans de lui-même des maximes ineffaçables, qui lui dictent ce qu'il doit à Dieu, ce qu'il doit à ses semblables, & ce qu'il se doit à lui-même.

Ces principes bien entendus, je demande quelle est celle des trois branches du droit naturel qui est combattue par les institutions civiles? Seroit-ce celle qui nous dicte nos devoirs envers l'Auteur de la Nature? Mais qui ne voit que les loix civiles ne font que la confirmer, & que le culte extérieur qu'elles autorisent chez tous les Peuples civilisés, n'est qu'une application bien ou mal faite de ses principes? Mais, au reste, elles n'ont aucune action sur le culte intérieur, elles ne peuvent pas forcer les consciences; & les Législateurs qui ont voulu les forcer, ont tous été des tyrans décriés.

Seroit-ce celle qui a pour objet la société? Mais la protection que la loi, qui est faite pour tous, accorde à tous indistinctement;

mais les rapports de befoins & de fecours qu'elle établit entr'eux ; mais les liens multi-pliés dont elle les unit, ne font-ils pas autant de développements de fes principes ?

Seroit-ce enfin cette loi impérieufe qui porte chaque individu à chercher fon bien-être ? Mais fans doute cette impulfion, l'inf-trument de notre bonheur & de notre malheur, doit être foumife à l'ordre général de la fo-ciété, & aux obligations que l'homme a contractées envers l'Être - Suprême. Sans doute lorfque cet intérêt perfonnel fe trouve en concurrence avec les deux autres, la raifon exige qu'il cede. Hors ces deux cas, il a toute fon énergie, & jouit d'une pleine liberté.

N'importe, l'homme n'eft plus libre; il n'a plus de mouvements que ceux que lui dicte la loi: c'eft elle qui dirige toutes fes actions. Ce raifonnement eft un foible fo-phifme. L'homme n'eft plus libre, dites-vous ? c'eft-à-dire qu'il ne peut pas fans crime diriger fes actions contre l'ordre effentiel, c'eft-à-dire qu'il eft obligé de fe foumettre aux loix de Dieu & à celles de la fociété :

heureuse nécessité, pourrions-nous nous écrier?
Toute liberté qui n'est pas raisonnable, est
un monstre & un tyran du cœur humain.

Mais enfin l'homme sauvage n'a point ces
entraves ; il conserve mieux la dignité de
son espece; peut-être même que dans cet
état de liberté absolue, sa raison a plus de
vigueur, & son cœur plus de vertus.

Il faut être bien aveuglé par l'esprit de
syftême, pour oser soutenir de pareilles opinions. Je ne vois dans le Sauvage, & tout
homme sensé n'y verra, comme moi, qu'un être
abruti & dégénéré, chez qui la raison & le
sentiment sont nuls, qui ne met en usage, dans
toute sa conduite, que l'instinct animal; & qui
n'est, pour ainsi dire, distingué de la brute,
que parce qu'il marche sur deux pieds.

En effet, quelles sont les opérations des
bêtes? Elles se bâtissent des nids ou se creu-
sent des repaires, s'accouplent, élevent leurs
petits, ont une espece de langage entr'elles,
vivent de chasse, de pêche, s'attaquent ou
se défendent, selon le besoin.

Que voyez-vous de plus dans la vie du
Sauvage? Il se construit une cabane, il cou-

che avec fa femme ; il éleve fes enfants, il balbutie quelques mots ; il court à la chaffe & à la pêche, il fe défend contre fes ennemis & les attaque. On voit bien que ce ne font là que les fonctions de l'inftinct. Il n'y a donc aucune trace de raifon & de fentiment dans la maniere de vivre des Sauvages.

Leur état, fans doute, eft la condition la plus baffe & la plus miférable de l'humanité. Il eft bien au-deffous de celui des Peuples bergers. Au moins ceux-ci ayant dans leurs troupeaux leur fubfiftance affurée, peuvent-ils cultiver leur raifon ; mais ceux-là, inceffamment occupés à fatisfaire les befoins de premiere néceffité, ne fentent que leur exiftence & la difficulté de la conferver.

Les Nomades néanmoins n'ont point encore atteint le degré de perfection où peut parvenir notre efpece. Ils n'ont point d'Arts, ou n'en ont que de groffiers ; ils ne connoiffent pas les fciences ; la police & le bel ordre qui regnent dans nos fociétés civilifées, font ignorés parmi eux ; leur caractere eft dur & agrefte ; en un mot, ils ne font point encore fortis du cercle de la barbarie, & leur vie pastorale les y retiendra éternellement. Les Hottentots d'aujourd'hui reffemblent encore à ceux que les Hollandois rencontrerent en abordant pour la premiere fois au Cap de Bonne-Efpérance; & les Tartares d'à préfent ne different en rien des Scythes leurs peres.

Concluons que l'homme a befoin des inftitutions civiles & des entraves de nos fociétés, pour dompter fes penchants & s'élever au-deffus de la brute. Il faut lui ôter une partie de fa liberté, pour ennoblir fon être & cultiver fon génie. Sans cette culture, il n'eft qu'un animal malheureux & à charge à lui-même. L'arbre que l'on émonde, dont on déchire le fein pour le greffer, donne des fruits délicieux; le fauvageon, au contraire, qui croît librement dans nos forêts, ne donne que des productions ameres & nuifibles.

LIVRE II.

Des fondements de la Monarchie.

CHAPITRE PREMIER.

Examen du pacte social.

JUSQU'A PRÉSENT je n'ai confidéré la fociété qu'en général & fous des rapports phyfiques. Il eft temps maintenant de parler de fon exiftence morale, d'examiner en détail fes refforts & fon organifation.

Le premier mobile de cette machine, difent nos Philofophes, eft le pacte focial; c'eft la pierre angulaire fur laquelle repofe tout l'édifice. Quelque conftitution que l'on imagine, il faut toujours y remonter. Ce principe eft tellement imprimé dans la nature politique, que tous les Etats & tous les temps paroiffent l'avoir cherché; pas une feule révolution où on n'en ait parlé; pas une feule

spéculation profonde où on ne l'ait ren-
contré ; pas un seul système où, cherchant à
le décliner, on ne soit tombé dans un abyme
d'absurdités. Voyons donc en quoi consiste
ce pacte social, & s'il a quelque fondement
dans la Nature.

Les Auteurs qui soutiennent ce système, le
présentent sous ce point de vue. Nous naiss-
sons tous égaux, indépendants & libres :
c'est le droit de la Nature. Dans cet état,
l'homme est sans chaînes, sans loix, sans
maître, & a un droit sans borne à tout & sur
tout. Mais cet état ne peut pas toujours
durer ; supposons donc, disent-ils, que, par
une cause quelconque, les hommes en soient
arrivés au point où l'état de nature ne peut
plus subsister, & où ils soient contraints de se
réunir en société. Certainement ils n'aliéne-
ront leur liberté naturelle, que pour la plus
grande utilité particuliere ; & ils ne mettront
leurs forces en commun, que pour conserver
la liberté & la puissance de chaque individu.

Conséquemment ils choisiront une forme
d'association, où la personne, la liberté, la
propriété, la puissance de chaque Particulier

foient défendues de toute la force de la communauté. Ce choix fait, à la place de la perfonne particuliere de chaque contractant, l'acte de confédération produit une perfonne publique, un corps moral & collectif, compofé d'autant de membres qu'il y a d'individus dans l'affociation : ou, fi l'on veut, cet acte produit une force générale, une volonté générale, qui eft la fomme de toutes les volontés & de toutes les forces particulieres.

D'où il eft aifé de conclure que la fouveraineté réfide dans les affociés collectivement pris, c'eft-à dire dans la communauté; & que l'acte par lequel un Roi, un Sénat, un Confeil fuprême font établis, eft fubféquent au premier contrat focial; qu'il en differe effentiellement, & ne détruit pas fa vertu; que par conféquent il laiffe au Peuple fa fouveraineté originelle, qui ne peut lui être enlevée, fans détruire le pacte focial, fans attaquer la fociété dans fes fondements, fans la diffoudre.

Tels font les principes fur lefquels eft appuyée une théorie que Rouffeau de Geneve a le premier développée dans fon Contrat

Social. Il l'a noyée dans une métaphysique obscure, où peu de personnes peuvent pénétrer. Il craignoit apparemment qu'on apperçût l'argille dont est composée son idole : voilà pourquoi il l'a entourée de nuages épais.

Du Contrat Social, ce systême est passé dans nos écrits politiques, & de là dans la bouche de ces demi-Sçavants dont nos sociétés abondent, & qui adoptent tout ce qu'une audacieuse Philosophie ose avancer. Cette secte, pour le dire en passant, est d'autant plus dangereuse, que ses projets sont plus vastes & son langage plus séduisant.

Il est cependant un caractere pour discerner ses assertions, comme il est un fil pour conduire à la vérité. Contribuent-elles au bien des hommes ? cherchent-elles à le procurer dans l'état donné des choses ? elles sont bonnes ; car c'est le vœu de la Nature & le dessein de son Auteur. Mais ne nous proposent-elles dans une audace tranchante qu'une suite d'idées destructives ? n'ont-elles dans une cruelle énergie que des paroles désespérantes à nous porter ? elles sont fausses, elles sont dangereuses. Telle est la nature de celle

que je difcute; la fimple expofition des conféquences qui s'en fuivent va le démontrer.

La puiffance fouveraine réfide dans le
Peuple. Donc il peut changer, quand il veut
& comme il veut, la forme des Gouvernements; il peut paffer, quand il lui plaît, de la
Monarchie à l'Ariftocratie, & de celle-ci à
la Démocratie; il peut dépofer les Souverains, & les confondre avec le vulgaire; il
peut faire defcendre les Rois de leurs Trônes,
dépouiller les Grands de leur puiffance,
anéantir les Sénats & les Dietes; il peut ufer
de violence, mettre en ufage le fer, le feu,
le poifon, députer même des fcélérats pour
l'exécution de fes projets, lorfque les autres
moyens lui font interdits.

Ces conféquences font frémir. Les Monarques, les Dépofitaires de l'autorité publique ne font donc, dans ce terrible fyftême,
que des idoles que le Peuple s'eft élevées, &
qu'il peut renverfer à fon gré! Les révoltes,
les guerres, le fang qu'il feroit couler pour
foutenir cette caufe, feroient des actions de
vigueur, des entreprifes dignes de louanges
& d'encouragement!

Mais ce n'est pas tout : où sont dans ce système les liens qui unissent les Citoyens entr'eux ? La communauté ne jouit de l'autorité suprême, que parce que chaque Particulier s'est dépouillé volontairement de la souveraineté qu'il avoit sur lui-même. Il peut donc la reprendre toutes les fois qu'il juge que le pacte social est violé, ou plutôt toutes les fois qu'il juge que c'est son avantage.

Mais le pacte social, dira-t-on, oblige les Sujets autant de temps qu'il subsiste. Mais aussi quelles sont les bornes de cette association ? où sont-elles marquées ? les premieres générations ont donc pu, par ce traité primitif, donner des chaînes aux générations suivantes ? les peres ont donc pu obliger leurs descendants ?

Un homme, quelque relation qu'il ait avec un autre, peut-il l'obliger à se dépouiller d'un droit inaliénable, d'un droit essentiel, d'un droit inhérent à sa nature ? En vain voudroit-on décliner ces conséquences, elles suivent immédiatement des principes.

Le Citoyen n'est donc lié à aucune société ; il peut passer de l'une à l'autre ; il peut.
même

même aller dans les déserts reprendre son ancienne liberté ; où, s'il y trouve trop d'inconvénients & peu de sûreté, il peut mettre tout en usage pour renverser l'ordre établi ; il peut se faire chef de parti, voleur de grands chemins, incendiaire, assassin, pour repousser la violence & rentrer dans ses droits.

Voilà les conséquences affreuses de cette théorie ; discutons-en actuellement les principes.

Les hommes naissent tous égaux, indépendants & libres. Les hommes naissent égaux ! c'est-à-dire, que l'Auteur de la Nature leur a départi à tous une ame douée de raison, & un corps semblablement organisé. Cette égalité si vantée ne s'étend que jusques-là. Car n'étant pas constitués tous de la même maniere, les uns ont plus de génie, d'autres plus de vigueur, de tempérament & de force. Cette seule différence de constitution établira, sans doute, entr'eux une inégalité dont l'état prétendu de nature ne se défendra pas plus que l'ordre social. Le fort aura nécessairement des avantages sur le foible, &

E

celui qui a plus de reffource dans fon imagination & dans fa tête, fur l'imbécille & l'homme borné.

Les hommes naiffent indépendants & libres ? autre illufion de l'amour-propre. Les hommes naiffent fociables, & par conféquent dépendants les uns des autres ; car l'harmonie de la fociété confifte dans un rapport de befoins réciproques & de fecours mutuels. Mais c'eft le droit de la Nature ? La Nature a donc un droit oppofé à la raifon, à la conftitution & au bien-être de l'homme ! elle ne fe contredit pas ainfi.

L'état de nature eft donc une chimere ? Non. Mais c'eft un état précaire, un état forcé, un état qui fait violence à l'homme, un état, en un mot, à qui la dénomination d'état contre nature, conviendroit infiniment mieux que le nom d'état de nature.

Peut-on en effet regarder comme un état naturel à l'homme, une fituation où il n'obéit qu'à l'inftinct, où il ne fuit que l'impulfion phyfique, où il n'a pour regle que l'appétit brutal ? Peut-on regarder comme un état naturel à l'homme, une fituation où toutes ses fonctions se réduisent à satisfaire ses premiers besoins, à pourvoir péniblement à sa nourriture & à sa conservation ; une situation où il ne connoît d'autres loix que celles de la brute, la loi du plus fort ; une situation, en un mot, où il n'est qu'un animal stupide & borné ?

E 2

CHAPITRE II.

De l'établissement de la Monarchie.

LA question qui se présente ici est de nature, je crois, à être décidée par les faits. Ainsi, sans faire de systême, sans même chercher à combattre ceux qui ont été bien ou mal imaginés sur cette matiere, consultons les monuments historiques, ceux sur-tout qui nous transportent jusqu'à l'origine des sociétés, & nous verrons sans doute quelle a été la premiere forme des Gouvernements politiques.

L'Histoire sacrée, dans les siecles qui suivirent immédiatement le déluge, ne nous parle que de Monarchies & de Royaumes, jamais d'Aristocratie & de Démocratie. Les peres des Juifs avoient pour contemporains, des Souverains & des Rois. Moïse en nous faisant l'Histoire d'Abraham, de Lot, d'Isaac, de Jacob, nous parle aussi des Rois d'Egypte, de Sodôme, du Pont, de Sichem, de Salem. Les Patriarches eux-mêmes étoient des Rois qui gouvernoient d'une maniere indépendante & abfolue leurs petits États.

Dans les anciens monuments de l'Hiftoire profane, nous ne voyons pas non plus qu'il y foit queftion de Républiques, mais bien de Trônes & de Monarchies. Les Poëtes, après avoir décrit le chaos, nous repréfentent Saturne, comme Monarque du monde, & fes trois enfants, Jupiter, Neptune & Pluton, comme héritiers de fa royauté, & fe partageant fes poffeffions.

Dans la plus ancienne guerre dont il nous foit refté des veftiges, au fiege de Troye, nous voyons des Rois à la tête de cette expédition. Les Grecs qui furent fi jaloux, par la fuite, de la liberté populaire, & qui foutinrent ou entreprirent des guerres fanglantes pour la maintenir & l'étendre, furent eux-mêmes à cette époque foumis à des Rois.

Les Romains, ces Républicains fi fiers, ont commencé par le Gouvernement Monarchique. Difons-en de même des autres Peuples de l'Europe, les Gaulois, les Germains, les Bretons, &c.

Ceux de l'Afie, tels que les Chinois, les

Japonois, les Indiens, les Parthes, les Perses,
les Babyloniens, dans les siecles les plus reculés qui soient parvenus à notre connoissance, ont eu aussi des Empereurs & des Monarques.

La marche, dans le système politique, a été
la même chez les Nations barbares. Tous
ces brigands qui dépecerent l'Empire Romain, Goths, Visigoths, Vandales, Francs,
Huns, Lombards, Alains, avoient des Com-
mandants, des Souverains. Les Peuples noirs
de l'Afrique ont eu de tout temps des Rois
& des Chefs.

Les Amériquains, lors de leur découverte,
avoient des Incas, des Caciques. Si les sauvages du Nord paroissent avoir adopté l'Aristocratie, c'est que plusieurs Peuplades se font
réunies, & ont chacune conservé leur Chef.

Cette prédilection qu'ont eue les hommes
pour la Monarchie dès l'origine des sociétés,
prédilection qui a été telle, que les Républiques ne sont venues que long temps après,
& sont sorties du sein des révolutions, comme
il me seroit aisé de le prouver par l'exemple
des Grecs, des Romains, des Carthaginois,

des Vénitiens, des Hollandois, des Suisses &
de toutes les Républiques anciennes & modernes; cette prédilection, dis-je, a pris sa
naissance dans la formation même des sociétés.

Dans l'enfance du genre humain, la société étoit concentrée dans les familles; elles
furent le premier modele des Gouvernements. Le pere étoit l'image du Chef, les
enfants celle du Peuple. Chaque Patriarche
tenoit les rênes du petit État que ses descendants formoient sous ses aîles. Seul reconnu
pour maître, à cause de la supériorité que
lui donnoient l'âge & l'expérience, les ordres
qui émanoient de sa bouche étoient autant
de loix, & ses volontés ne trouvoient ni
obstacle, ni résistance.

Les hommes demeurerent dans cette espece de Monarchie paternelle, jusqu'à ce
que s'étant multipliés, ils se virent partagés
en diverses branches qui avoient chacune
leurs Chefs. Alors les intérêts différents, les
passions opposées, quelques entreprises,
peut-être, firent juger que la paix primitive
pouvoit être troublée. Il fallut donc chercher les moyens de prévenir les dissentions.

E 4

L'idée que l'on avoit du Gouvernement patriarchal, & l'heureuse expérience qu'on en avoit faite, dûrent faire juger que le plus efficace étoit de réunir plusieurs familles sous une même autorité. On se détermina donc à choisir un sage dont la vertu & l'équité pussent maintenir l'ordre public, & concilier les intérêts de tout le monde. Cet essai de quelques familles qui se donnerent un Chef, fut suivi de proche en proche par les autres, & la terre se vit bientôt couverte de Trônes.

Telle est, je pense, l'origine la plus naturelle & la plus raisonnable de ce qu'on appelle État, Gouvernement, Souveraineté. Cette théorie a par-dessus toutes les autres, l'avantage d'être appuyée sur des faits incontestables.

D'ailleurs comment se persuader que les hommes, au berceau de la raison, puisqu'ils étoient dans l'enfance de la société, sans expérience des abus du pouvoir absolu, sans aucune espece de modele de l'état républicain, aient établi ce systême de Gouvernement qui est le plus compliqué, & qui exige la légiflation la plus févere & la plus réfléchie ?

CHAPITRE III.

Du pouvoir des Monarques.

UN Monarque eft à la tête de fon royaume, comme nous venons de le voir, ce qu'un pere de famille étoit à la tête de fa maifon, avant qu'il n'y eût ni Trônes, ni Souverains. Un Roi n'eft donc pas un homme méchant, hardi ou entreprenant, qui profite de l'imbécillité des Peuples que le hafard lui a foûmis pour dominer fur eux tyranniquement; au contraire c'eft le Pere de la Patrie, de la Nation, de l'État. Le pouvoir qu'il a de commander, doit être entre fes mains dirigé par la tendreffe d'un pere pour fes enfants. Il eft le défenfeur & le gardien né de la vie, de l'honneur, de la liberté & des propriétés de fes Sujets. S'il eft l'arbitre de la foi publique, c'eft pour terminer les différends des Particuliers, c'eft pour fixer leurs droits refpectifs, c'eft pour rendre à chacun ce qui lui appartient, c'eft fur-tout pour

foutenir le foible contre l'oppreſſion du fort ,
& le pauvre contre l'invaſion du riche.

Mais ſi , comme pere de ſes Peuples , il a
des devoirs à remplir, il a auſſi des droits
à exercer. Son pouvoir ne connoît d'autres
regles & d'autres limites que la loi naturelle & la loi de Dieu, parce que les Patriarches, avant toute inſtitution de Gouvernement, ne connoiſſoient d'autres loix
que la droite raiſon & les préceptes divins.

Un Roi ne doit donc compte qu'à Dieu
ſeul de l'exercice de ſa puiſſance ? Oui. Il ne
faut cependant pas conclure de là que ſon
autorité eſt arbitraire, parce que toute autorité, dont l'exercice a une regle connue,
n'eſt point arbitraire. Mais s'il abandonne la
regle pour ſuivre ſon caprice ? Voilà l'abus
de l'autorité. Mais quelle barriere oppoſer
à l'abus du pouvoir ? Point d'autre que celle
que la Nature a poſée elle-même. L'intérêt
perſonnel, la raiſon, la religion du tyran
peuvent ſeules arrêter ſon bras & modérer
ſes paſſions.

Les Caligula, les Héliogabale, les Cara-
calla aiguiſoient eux - mêmes le fer des

Prétoriens sous les coups desquels ils tomberent ; par leurs vexations, leurs brigandages, leurs cruautés, ils affoiblissoient leur Empire ; ils appelloient de loin les barbares qui le dévasterent ; leurs crimes multipliés excitoient la vengeance de Dieu, & accumuloient des foudres sur leurs têtes coupables.

Ces motifs sont tout au plus capables de faire impression sur le cœur d'un bon Prince ; mais un Néron, quel cas en fera-t-il ? J'entends la Philosophie s'écrier : « Aux armes, Citoyens, égorgez le tyran, & exterminez sa race ; la souveraineté vous est essentiellement inhérente, rentrez dans vos droits ». La raison dit au contraire : « Peuples, obéissez, votre Souverain n'est pas votre justiciable, Dieu seul peut le punir, & il s'est réservé la vengeance de ses crimes ». Quelle est celle de ces deux autorités que nous devons suivre ?

Le systême philosophique, malgré la fausseté de ses principes que j'ai démontrée, a quelque chose de séduisant au premier coup-d'œil. Si un Peuple a le malheur d'avoir à sa tête un mauvais Prince, il le dépose ou s'en

défait pour mettre à sa place un Roi sage &
modéré; ou bien il change la constitution de
l'Etat.

Mais la chose est-elle si facile? Comment
réaliser cette chimere, sans attirer sur les Peuples les plus grands désastres? Qui pourroit
voir sans frémir le sang que feroit verser ce
système politique? Philosophes sublimes,
génies supérieurs, laissez-nous à nos préjugés,
à notre vieille raison. Nous aimons mieux
obéir & nous soumettre, que d'irriter nos
maîtres par notre résistance; nous aimons mieux
souffrir que d'armer le Citoyen contre le
Citoyen, le frere contre le frere.

En effet, pour renverser le Trône d'un
tyran, que faut-il faire? Il faut, sans doute,
lever l'étendard de la révolte! Mais le tyran
n'aura-t-il pas ses amis, sa famille, ses cor-
rupteurs qui combattront pour lui, qui prendront les armes en sa faveur? Voilà donc
une guerre civile, qui se renouvellera toutes
les fois que le caprice du Peuple voudra un
autre maître.

Déclamateurs peu réfléchis, jetez les yeux
sur ces fanatiques Insulaires dont vous adoptez

aveuglément les opinions ; voyez les révolutions de l'Angleterre, fes guerres civiles, fes malheurs, & frémiffez de vouloir enlever à l'Europe fes Rois.

Si les loix de la Nature & de la Religion font cheres à un Monarque, il fera le pere de fon Peuple ; mais s'il les méconnoît, il en fera le tyran, il abufera de fon pouvoir, il donnera dans les écarts les plus funeftes.

Ce font ces abus que Samuel repréfentoit vivement à fa Nation, qui, ftupidement ennuyée du Gouvernement Théocratique, demandoit un Roi. Le Prophete n'ignoroit pas quelles étoient les véritables limites de la puiffance royale ; mais il en exagéroit les écarts pour détourner les Juifs de leur réfolution. Ainfi Démofthene peignoit aux Athéniens, dans fes Philippiques, les abus du pouvoir abfolu.

Il n'y a que les yeux fafcinés d'un vil & bas Courtifan, qui puiffent voir dans le difcours du Prophete les droits d'un Monarque. « Le Roi que vous demandez, dit Samuel, » vous enlevera de force vos plus riches » poffeffions, pour en gratifier fes Officiers ; il

» mettra des impôts sur vos moissons & sur vos
» vendanges, pour enrichir ses Eunuques &
» ses Courtisans; vos troupeaux, vos bêtes
» de somme, vos esclaves, vos enfants mê-
» mes ne seront pas à l'abri de sa rapacité,
» & il fera l'impossible pour vous réduire
» dans un misérable esclavage ». Qui ne voit
dans cette déclamation le renversement de
la Nature & de la raison auquel tend la
tyrannie !

Concluons avec le vieil & énergique Bodin:
« Que la plus notable différence du Roi &
» du tyran, est que le Roi se conforme aux
» loix de Nature, & que le tyran les foule
» aux pieds. L'un, continue-t-il, entretient la
» piété, la justice & la foi; l'autre n'a ni Dieu,
» ni foi, ni loi : l'un fait tout ce qu'il pense
» servir au bien public & tuition des Sujets,
» l'autre ne fait rien que pour son profit par-
» ticulier, vengeance ou plaisir : l'un s'efforce
» d'enrichir ses Sujets par tous les moyens
» dont il peut aviser, l'autre ne bâtit sa mai-
» son que de la ruine d'iceux : l'un venge les
» injures du public, & pardonne les siennes,
» l'autre venge cruellement ses injures &

» pardonne celles d'autrui : l'un épargne l'hon-
» neur des femmes pudiques, l'autre triom-
» phe de leur honte : l'un prend plaisir d'être
» averti en toute liberté & sagement repris
» quand il a failli, l'autre n'a rien plus à contre-
» cœur que l'homme grave, libre & vertueux :
» l'un s'efforce de maintenir ses Sujets en
» paix & union, l'autre y met toujours di-
» vision pour les ruiner les uns par les autres,
» & s'engraisser de confiscations : l'un prend
» plaisir d'être vu quelquefois & oui de ses
» Sujets, l'autre se cache toujours d'eux comme
» de ses ennemis : l'un fait état de l'amour
» de son peuple, l'autre de la peur : l'un ne
» craint jamais que pour ses Sujets, l'autre ne
» redoute rien plus que ceux-là : l'un ne charge
» les siens que le moins qu'il peut, & pour
» la nécessité publique, l'autre hume le sang,
» ronge les os, suce la moëlle des Sujets pour
» les affoiblir : l'un cherche les plus gens de
» bien pour les employer aux charges publi-
» ques, l'autre n'emploie que les larrons & plus
» méchants, pour s'en servir comme d'épon-
» ges : l'un donne les états & offices pour
» obvier aux concussions & foule du Peuple,

» l'autre les vend le plus qu'il peut, pour leur
» donner moyen d'affoiblir le Peuple par
» larcins, & puis couper la gorge aux larrons,
» pour être réputé bon justicier : l'un mesure ses
» mœurs & façons au pied des loix, l'autre
» fait servir les loix à ses mœurs : l'un aime ses
» Sujets & est aimé d'eux, l'autre les hait tous
» & est haï de tous : l'un n'a recours en guerre
» qu'à ses Sujets, l'autre ne fait guerre qu'à ceux-
» là : l'un n'a garde ni garnison que des siens,
» l'autre que d'étrangers : l'un jouit d'un repos
» assuré & tranquillité haute, l'autre languit
» en perpétuelle crainte : l'un attend la vie
» très-heureuse, l'autre ne peut éviter le sup-
» plice éternel : l'un enfin est honoré en sa
» vie & désiré après sa mort, l'autre est dif-
» famé en sa vie & déchiré après sa mort ».
Répub. liv. 2, chap. 4.

CHAPITRE

CHAPITRE IV.

Des différentes especes de Gouvernements.

UN Écrivain célebre, dont j'ai été forcé de combattre l'opinion sur l'origine des propriétés, me paroît avoir répandu un grand jour sur la matiere que je vais traiter. Il établit des principes diamétralement opposés aux idées que le génie de M. de Montesquieu a fait adopter à la plupart des Sçavants. Je vais le faire parler, & l'on jugera lequel des deux a raison.

« Il y a trois sortes de Gouvernements,
» nous a dit M. de Montesquieu : le Répu
» blicain, où le Peuple en corps, ou seule
» ment une partie du Peuple, a la puissance
» souveraine ; le Monarchique, où un seul
» gouverne, mais selon des loix fixes & éta
» blies ; le despotisme, où un seul sans loi &
» sans regle, entraîne tout par sa volonté &
» par ses caprices ».

De ces trois définitions, sur lesquelles porte

F

toute la masse de l'esprit des loix, il n'y en a pas une qui soit, je ne dis pas exacte, mais même soutenable en une seule de ses parties, il n'y en a pas une qui puisse se conserver, quand on vient à les examiner avec le sang-froid de la raison & l'œil de la critique.

« 1°. Il n'y a pas de République, quand
» une partie du Peuple seulement a la sou-
» veraine puissance. *Le Souverain*, a très-
» bien dit Bodin, (que M. de Montesquieu
» n'a guere copié que dans ses erreurs, &
» qu'il a copié souvent) *le Souverain est ce-*
. lui qui commande, & qui ne peut être com-
» mandé. Une République est l'administra-
» tion où tous les Citoyens sont Souverains
» en commun. Dès l'instant qu'il existe une
» portion saisie exclusivement du droit d'or-
» donner, il n'y a donc plus de République :
» c'est une véritable Monarchie. Peu importe
» qu'elle soit exercée par un Prince ou par
» cent : peu importe que le Trône soit oc-
» cupé par un Roi ou par un Sénat ; il est sûr
» qu'il y a un Trône & des Sujets : par con-
» séquent la République est détruite.

» 2°. Il n'y a point de Monarchie, quand

» celui qui gouverne eſt aſtreint à ſuivre des
» loix fixes & établies. L'eſſence du Mo-
» narque, c'eſt le droit de faire des loix : s'il
» y a une Puiſſance ſupérieure à lui qui ait ce
» droit, il eſt donc commandé par cette
» Puiſſance ; il n'eſt donc plus Souverain :
» il n'eſt que le Magiſtrat qui repréſente le
» Souverain : il eſt Arconte, il eſt Doge,
» il eſt Gonfalon, mais il n'eſt point Mo-
» narque.

    » 3°. Le Deſpotiſme n'eſt aſſurément pas le
» Gouvernement où un ſeul ſans regle & ſans
» loi, entraîne tout par ſon caprice ; mais
» quand on admettroit la définition de M. de
» Monteſquieu, ſon principe n'en ſeroit pas
» moins faux : ranger cette adminiſtration au
» nombre des eſpeces de Gouvernements ca-
» ractériſés, prétendre en expliquer les loix,
» tandis qu'on affirme qu'il eſt dans ſa nature
» de violer toutes les loix : vouloir en fixer
» les regles, tandis qu'on avance qu'il ceſ-
» ſeroit d'être, s'il reconnoiſſoit aucune regle :
» dire qu'il exiſte, donner des méthodes
» pour le diſtinguer, pour l'établir, pour le
» ſoutenir ; c'eſt tout à la fois ſe jouer de l'eſ-

» prit des Lecteurs & calomnier le genre hu-
» main.

» Ou il n'est pas vrai qu'il y ait trois es-
» peces de Gouvernements distincts, ou il
» faut en admettre cent, cinq cents, mille,
» autant qu'il y a de nuances dans l'autorité
» & la sujétion. Tout ce qui s'appelle Gou-
» vernement, ne consiste qu'en deux parties,
» commander & obéir : or il n'y a qu'une
» maniere essentielle de commander comme
» d'obéir ; donc il n'y a qu'une maniere essen-
» tielle de gouverner. Elle est, je l'avoue, su-
» jette à bien des modifications ; mais plus
» ces modifications mêmes paroissent s'éloi-
» gner, & plus au fond elles se rapprochent. La
» Démocratie la plus libre, où tout le monde
» paroît souverain, la Monarchie la plus ab-
» solue, où tout le monde paroît esclave,
» sont les deux extrêmités d'un cercle. Rien
» n'est en apparence si éloigné, & rien en
» effet nese touche de si près ; rien n'est si fa-
» cile à confondre. Le Gouvernement par-
» court successivement avec plus ou moins
» de rapidité, le nombre infini de degrés
» qui les séparent. L'instant où il s'écarte de

» la ligne circulaire tracée dans tous ses
» points à une distance parfaitement égale du
» centre essentiel, fondamental des sociétés
» politiques, c'est-à-dire de la propriété, de
» ce principe sacré de tous les Gouverne-
» ments, de ce Dieu de la politique, cet
» instant produit le despotisme : c'est alors
» que le caprice seul devient sa regle, &
» qu'on ne peut plus apprécier ses écarts.
» Tant qu'il ne donne point dans cette diver-
» gence funeste, on ne sçauroit, sans injus-
» tice, le flétrir de ce nom honteux qui ne
» désigne point un état fixe & naturel, mais
» une position violente, forcée, contraire à
» tous les principes (1) ».

Je ne suivrai pas plus loin notre Auteur ;
je l'ai fait assez parler, pour qu'on en puisse
conclure que les définitions des Gouvernements que donne le Président de Bordeaux,
ne sont pas exactes, que le despotisme & la
tyrannie sont une seule & même chose, &
que ce monstre peut se trouver dans le
sein d'une République, comme dans une
Monarchie.

____

(1) Voyez Lettres sur la Théorie des Loix, page 35.

Mais ne fuit-il pas encore des principes de l'Auteur de la Théorie des Loix, qu'il n'y a que deux efpeces de Gouvernemens? Cependant Bodin & Rouffeau de Geneve en admettent trois, Ariftote, Platon & plufieurs anciens, quatre, Polybe & quelques autres vont même jufqu'à en diftinguer fept.

Cette diverfité de fentimens vient, fans doute, du mêlange des différents pouvoirs qui fe trouvent dans prefque tous les Gouvernemens; en forte qu'il eft difficile, furtout dans notre Europe, d'en trouver un qui ne foit pas mixte. Mais fi, fans confidérer le fait, on ne fait attention qu'aux idées fimples & primordiales, on en trouvera difficilement plus de deux efpeces.

Car ou le Peuple eft fouverain, ou il eft fujet : s'il eft fujet, le Gouvernement eft Monarchique. Peu importe que ce foit un feul homme qui commande, ou dix, ou cent. Rome a eu plufieurs Empereurs à la fois, la France, plufieurs Rois, & cependant ces deux Etats n'ont pas ceffé d'être Monarchiques. Si au contraire le Peuple eft Souverain, c'eft une République. Telles ont été, pendant un affez court efpace de temps, Athênes & Rome; telle eft auffi la conftitution de Geneve, qui, fi nous en croyons les déclamations d'un de fes Citoyens, eft bien dégénérée de fa premiere inftitution. Encore eft-ce prefque le feul Etat en Europe que l'on puiffe appeller République.

En effet Venife, Gênes, la Hollande, &c. font de vraies Monarchies, où l'autorité fuprême eft diftribuée fur plufieurs têtes, fans que le Peuple y ait affez de part pour qu'on puiffe dire qu'il exerce des actes de Souverain. Venife eft tellement dégénérée, qu'elle n'offre dans fon Gouvernement qu'un defpotifme affreux; les Nobles y font Maîtres abfolus, & le Peuple y eft dans une dépendance qui reffemble beaucoup à la fervitude des Ilotes de Sparte; & les derniers troubles de la Hollande ont prouvé à toute l'Europe que leurs Hautes-Puiffances font les très-foumis Sujets du Stadhouder.

L'Ariftocratie n'eft donc au fait & dans la réalité qu'une Monarchie palliée; il en faut dire autant de la Démocratie, toutes les fois

que le Peuple en commun n'eſt pas Souverain ; car s'il eſt un Conſeil permanent, un
Sénat, une Diete qui décide des affaires publiques en dernier reſſort, ſans avoir beſoin
d'être autoriſé dans leurs décrets par le Peuple
en corps, & ſans qu'il y ajoute ſa ſanction,
ce n'eſt plus qu'une Monarchie. Dire donc
avec l'Auteur du Contrat Social, que la Démocratie peut embraſſer tout le Peuple ou
ſe reſſerrer juſqu'à la moitié ; & que l'Ariſtocratie peut de la moitié du Peuple ſe reſſerrer juſqu'au plus petit nombre, c'eſt
confondre les notions & ſe jouer du ſens-
commun.

Cependant ſi l'on veut abſolument qu'il y
ait deux eſpeces de République, j'y conſens
volontiers. La Démocratie ſera alors le Gouvernement du Peuple, l'Ariſtocratie celui
des Grands, & la Monarchie celui d'un Roi.
Mais comme il peut réſulter de ces trois premieres formes combinées enſemble une multitude de Gouvernemens mixtes, le nombre
des eſpeces de Gouvernemens n'aura pas de
bornes ; & c'eſt ce qui eſt réellement dans
le fait.

CHAPITRE V.

Du plus mauvais Gouvernement.

DANS toute espece de Gouvernement, il y a toujours deux efforts contraires. Les Sujets tendent à secouer le joug de la dépendance, & le Souverain tend à l'aggraver. De là l'anarchie & le despotisme. La premiere est ordinairement le précurseur d'une révolution, qui la fait aussi-tôt cesser : le despotisme, au contraire, semble s'affermir par ses excès. Il est des contrées où il subsiste, pour ainsi dire, dès le commencement du monde ; il y a jeté de si profondes racines, que des révolutions multipliées n'ont pu le faire disparoître.

C'est ce qui vraisemblablement a donné le change à M. de Montesquieu & à tous ses partisans. Ils ont vu l'Asie entiere & une grande partie de l'Afrique, soumises à ce Gouvernement tyrannique, depuis plusieurs siecles ; ils l'ont mis en conséquence au nombre des administrations régulieres. C'eſt ainſi que d'un monſtre ils ont voulu faire un être bien conformé : & c'eſt ce monſtre qui s'étend ſur les deux tiers de la terre, que j'appelle le plus mauvais des Gouvernements.

Pour en avoir une juſte idée, il faut ſe tranſporter dans ſon pays natal, en Aſie. Un Auteur célebre, dont j'ai déjà adopté ou réfuté les opinions ſelon qu'elles m'ont paru vraies ou fauſſes, a fait des efforts inouis pour juſtifier cette conſtitution. L'adminiſtration de la Perſe eſt ſur-tout ſon idole ; & il faut avouer que de tous les Gouvernements de l'Orient, il a été long-temps le moins dépravé ; cependant, à le prendre dans les époques même les plus favorables, je n'y vois qu'une affreuſe tyrannie. Chardin, ce Voyageur Phi-loſophe qui a vécu pendant longues années à la Cour d'un des plus puiſſants & des plus ſages Sophis, ſera mon guide. Je ſerai long, parce que je citerai beaucoup, & que je veux mettre ma propoſition dans la plus grande évidence.

Quelles ſont les marques auxquelles on peut reconnoître un bon Gouvernement ?

J'en connois trois qui, je le préfume, ne feront défavouées de perfonne. Il faut que les propriétés des Sujets foient refpectées & affurées, que le Peuple vive dans l'abondance des chofes néceffaires à la vie, & que l'ambition & la tyrannie des Grands foient réprimées. Or les Sujets ne connoiffent point de propriétés en Perfe, le Peuple y eft malheureux, & les gens en place font de monftrueux tyrans.

Notre Voyageur, après avoir dit que l'Etat de Perfe eft defpotique, que le Souverain y eft maître abfolu & en plein de la vie, de la liberté & des biens de fes Sujets, que fes ordres font exécutés avec promptitude & fcrupule, quoique deftitués de juftice & fouvent de fens commun, entre dans des détails intéreffants par rapport aux propriétés.

« Les terres dans ce Royaume fe divifent
» en terres en ufage & en terres hors d'ufage.
» Les terres en ufage font de quatre fortes :
» les terres de l'Etat, les terres de domaine,
» les biens de l'Eglife, & les fonds des Par-
» ticuliers. Les terres de l'Etat, qui contien-
» nent la plus grande partie du Royaume,
» font en la poffeffion des Gouverneurs, lef-

» quels en retiennent une partie pour en avoir
» le revenu, & laiffent l'autre pour les gages
» de leurs officiers, de leurs domeftiques &
» des troupes ; car même jufqu'à un fimple
» foldat, chacun a fa folde affignée fur un
» village, ou fur quelqu'autre fonds de terre.
» Les terres du domaine font le bien propre
» & particulier du Roi ; une partie fert
» d'apanage à des charges, fur une autre
» font affignés les gages de la plupart des
» officiers domeftiques de fa maifon, & la
» paie des troupes qu'il entretient ; une autre
» partie eft aliénée par des donations à temps
» ou à vie, qui continuent quelquefois de
» pere en fils à plufieurs générations : le fur-
» plus eft en économie ou régie dans les
» mains des Vifirs ou Intendants, qui font
» valoir le bien du Roi chacun en fa Pro-
» vince. Les terres de l'Eglife font des do-
» nations des Rois, ou des Particuliers. Le
» bien de l'Eglife eft facré en Perfe. Le Roi,
» ni les donateurs n'ont aucun droit réfervé
» deffus. Il n'eft point fujet non plus à être
» confifqué pour quelque crime que les
» donateurs puiffent avoir commis, même

» avant la donation ; mais ce qu'il y a de fort
» injuſte, c'eſt que quand on auroit donné
» à l'Egliſe quelque bien mal acquis, ou ſur
» un faux titre, un an de poſſeſſion rend la
» donation inconteſtable. Les terres dont
» jouiſſent les Particuliers, ſont à eux pour
» quatre-vingt-dix-neuf ans, & jamais plus ;
» pendant ce temps ils les vendent & en diſ-
» poſent comme il leur plaît, ſans qu'on puiſſe
» leur en rien ôter, à moins qu'ils ne tombent
» dans quelque crime qui emporte la priva-
» tion de leurs biens. Quand les quatre-vingt-
» dix-neuf ans ſont échus, on prend un nou-
» veau bail pour pareil temps, en payant le
» revenu d'un an ; la plupart de ces fonds ſont
» chargés d'un tribut annuel envers le Roi,
» qui ne va pas à quarante ou cinquante ſols
» par girib ou arpent. Pour ce qui eſt des
» terres hors d'uſage, elles appartiennent à
» l'Etat ou au Roi, ſelon le pays dans lequel
» elles ſont enfermées. Mais parce que le
» Roi eſt maître du bien de l'Etat, & qu'il le
» peut rendre bien de domaine quand il lui
» plaît, on peut dire que toutes les terres
» qui ne ſont pas occupées appartiennent

» au Roi, dans quelque endroit de l'Empire
» que ce soit (1) ».

Ces détails préfentent des inductions faciles. Les terres de domaine appartiennent
toutes au Sophi, il les fait valoir, il en
difpofe comme il lui plaît. Celles de l'Etat font
l'apanage des Intendants, des Gouverneurs ;
& comme ces charges dépendent totalement
de lui, qu'il peut les donner, qu'il peut les
ôter felon fon bon plaifir, la difpofition de
ces biens lui appartient donc auffi. Les fonds
des Particuliers font, premiérement, chargés
de redevances annuelles ; fecondement, ils
font tous en baux de quatre-vingt-dix-neuf
ans ; donc les Sujets ne les tiennent que
comme fermiers, & non comme propriétaires.
Le gouffre du defpotifme engloutit donc encore ces poffeffions. Reftent les biens du
Clergé, dont la difpofition fembleroit ne pas
appartenir au Defpote ; mais comme les charges de cet Ordre de l'Etat dépendent totalement de lui, il peut faire paffer à fon gré ces
biens d'une tête fur une autre, & en difpo-
fer en difpofant des places. Il eft donc clair,

____

(1) Voyages de Chardin, tom. 6, chap. 6.

comme le jour, qu'il n'y a pas de vraies propriétés en Perfe.

En vain l'Auteur des Lettres fur la Théorie des Loix citeroit-il, en faveur de fon opinion, le Code Religieux des Mahométans, où l'ordre & la forme des fucceffions font réglés. Les Lieutenants des Imans y ont apparemment dérogé en Perfe, par le moyen de quelque commentaire; car dans ce pays, comme ailleurs, on commente les Loix. Peut-être même cet article de la loi de Mahomet ne regarde-t-il que les effets mobiliers. Au refte le droit eft établi par l'Alcoran, je le veux bien; mais le fait eft qu'aucun Sujet du Roi de Perfe n'eft propriétaire réel, pas même d'un pouce de terre.

Cependant le Gouvernement de cet Empire pourroit être doux & humain par rapport à la partie la plus nombreufe de la fociété, je veux dire le Peuple, fi la libre jouiffance du fruit de fes peines lui étoit affurée : mais difons-le à la honte de l'humanité, là comme ailleurs, & infiniment plus qu'ailleurs, il feme & ne recueille point, il travaille, & c'eft pour d'autres.

Chardin va nous servir encore de guide ;
il va nous prouver, 1°. que les Intendants,
les Gouverneurs, les Receveurs du Prince
pillent & volent le Peuple de toutes mains ;
2°. que les Magistrats, les Juges Civils &
Criminels en font autant ; 3°. qu'il n'est point
de pays où il soit accablé de corvées si multipliées & si excessives.

Les Intendants sont des Officiers de la
Cour préposés sur une province pour en
régir les biens. « Ils obtiennent leur emploi
» à force de présents aux Ministres d'Etat,
» aux Eunuques, aux Favorites, & particu-
» liérement à la mere du Roi entre les autres,
» & en s'engageant à faire valoir la recette
» de la province plus qu'auparavant : c'est par
» ces engagements qu'ils y entrent ; & quand
» ils y sont parvenus, il faut tenir sa parole,
» entretenir ses patrons à la Cour, & puis
» travailler pour soi. On a fait des avances
» qui sont la plupart du temps d'emprunts &
» à gros intérêts, desquels on veut s'acquitter ;
» & puis il faut s'enrichir & amasser pour
» soutenir l'orage de la disgrace, dont on
» court toujours les risques ; mais comme
                                        » c'est

„ c'eſt au Peuple de la province à fournir
„ tout cela, on ſe met à le piller de telle ma-
„ niere, qu'il n'y a point de vexations qu'on ne
„ ſe haſarde de faire , & de perſonnes ſur
„ qui on ne l'étende „.

Notre Voyageur avoit dit plus haut que les
Intendants négligent les plaintes des Peuples,
prétendant que les intérêts du Roi ne leur
permettent pas d'y avoir égard, quoiqu'en effet
ils ne pillent que pour s'enrichir eux·mêmes,
& qu'ils ſe comportent en gens que rien
ne peut aſſouvir (1),

Les Gouverneurs ſont des eſpeces de
Vice-Rois, qui ont leur Cour, leurs Officiers
de Juſtice, leurs troupes ; tout ce monde
eſt entretenu aux dépens de la province ; les
gages du Vice-Roi, ceux de ſes Aſſeſſeurs ,
de ſes ſoldats, de ſes valets, tout eſt pris
ſur le Peuple ; de plus, ces Gouverneurs
font un tribut annuel au Sophi, & par-là
l'on peut s'imaginer combien le Peuple eſt
foulé.

Les Receveurs des deniers publics ſont

––

(1) Voyages de Chardin , tom. 6 , chap. 3.

aussi de cruels tyrans des Peuples. Voici ce
qu'en dit Chardin : « L'emploi de Receveur
» est fort brigué, parce qu'il est fort lucratif,
» & il faut avoir non seulement bien des
» amis, mais encore donner bonne caution
» pour l'obtenir. Le droit de recette est de
» cinq pour cent quand l'assignation est sur
» la ville d'Ispahan & sur la banlieue, & de
» dix pour cent, quand l'assignation est à plus
» d'une journée de chemin, dont les Rece-
» veurs se paient par leurs mains.... Mais
» ce n'est pas là tout le profit de ces Receveurs,
» ils en font bien encore autant avant de se
» dessaisir de l'argent. Car, premiérement,
» lorsqu'ils sont sur le lieu de la recette, il
» faut les traiter grassement avec leur train,
» leur payer cinq pour cent de droit, & leur
» faire un petit présent par-dessus. Quand
» l'argent est prêt, ce sont eux, qui, sous
» divers prétextes, remettent à le rece-
» voir ; & il faut leur faire un autre présent
» afin de les y obliger, pour en être plutôt
» déchargé ; mais si l'argent n'est pas prêt,
» ils se font payer le retardement sur le pied
» de l'intérêt du pays, qui est de demi pour

» cent la femaine en cette forte de né-
» goce (1)».

Tous ces faits mettent en évidence que les Grands de Perfe ne manquent pas de moyens d'opprimer le Peuple : ce qu'ils font auffi de la maniere la plus cruelle. Mais le Souverain dans cet Empire , outre les charges & les emplois, a d'autres moyens de témoigner fon contentement à fes Officiers ; c'eft de leur envoyer , avec pompe & à beau-coup de frais des préfents : & c'eft une autre fource funefte & abondante des vexations que les Gouverneurs, Intendants & Rece-veurs exercent fur fes Sujets. « Car comme » ceux qui les reçoivent les paient chére-» ment par d'autres préfents qu'ils font obligés » d'envoyer peu de temps après au Roi & » aux Miniftres, & qu'il faut de plus ré-» compenfer magnifiquement l'Envoyé; le » Peuple fçait bien qu'il en fera les frais tôt » ou tard, & il arrive toujours qu'on le » vexe & pille davantage , felon que l'on » reçoit plus de ces faveurs de la Cour (2).

____

(1) Voyages de Chardin , tom. 6, chap. 7.
(2) *Ibid.* tom. 6, chap. 3.

Pour se convaincre de l'avidité des Juges civils de Perse & de leurs concussions, je ne ferai parler Chardin que sur les enregistrements & les procès.

« Les frais d'enregistrement sont toujours » grands, mais plus ou moins pourtant selon » l'importance de l'acte. On peut s'imaginer » ce que coûte l'enregistrement d'un acte de » conséquence : puisque l'enregistrement de » ceux qui ne regardent que les moindres » choses, comme l'engagement d'un Soldat » ou d'un Artisan, coûte environ vingt-cinq » écus (1) ».

Il parle ainsi des procès : « La facilité de » plaider est la plus grande du monde en » Perse ; & de plaider sans fin, soit au même » Tribunal, soit devant d'autres, & à plus » d'une douzaine tour-à-tour. Quand on veut » gagner la Justice, comme on tâche tou » jours de le faire, ou avoir une prompte » expédition, on va à quelqu'un des prin » cipaux domestiques du Juge, & on lui fait » ou on lui promet un présent ; d'ordinaire

____

(1) Voyages de Chardin, tom. 6, chap. 7.

» on en apporte un au Juge même, en lui
» faifant la plainte: chacun le fait felon fon
» état & felon fa profeffion. Les gens de
» la plus baffe condition donnent ou un
» agneau, ou un mouton, ou du fruit,
» ou des poulets; les autres, dès confitures,
» ou du café, ou des étoffes, ou de l'argent;
» mais les gros préfents fe font toujours en
» particulier (1) ».

La Juftice de Perfe, comme l'on voit, leve quelquefois fon bandeau, ainfi que celle de l'Europe; la chicane eft auffi fa compagne inféparable, on connoît fon foible pour les préfents, & apparemment ils font efficaces pour faire incliner le baffin du côté du plus riche.

Mais ce n'eft pas feulement dans les matieres civiles que la rapacité des Magiftrats, leur foif des richeffes fe décelent; elles fe montrent encore, & fous des traits plus hideux, dans les matieres criminelles.

« J'ai obfervé qu'il n'y a pas de prifons
» publiques en Perfe; il n'y a point non plus

______

(1) Voyages de Chardin, tome 6, chap. 3.

» de corps d'Archers : chaque Magistrat re-
» vêtu d'une charge de Judicature criminelle,
» prend quelques valets de plus qu'il n'avoit
» auparavant, & il choisit d'ordinaire ceux
» qui servoient son prédécesseur, comme stylés
» au métier, lesquels, avec ses premiers va-
» lets, lui servent d'Archers ; plus il en prend,
» & plus de profit il lui en revient. Car bien
» loin de leur donner des gages, ils lui paient
» une rente pour leur charge, à cause du
» profit qui leur en revient. Il assigne à ces
» gens-là un appartement de trois à quatre
» chambres sur le devant de son logis ; c'est
» où ils gardent les criminels qui ne sçau-
» roient donner une caution suffisante, & le
» portier du logis en est le geolier. Les portes
» de ces chambres, comme les autres du
» pays, sont d'ordinaire si foibles, qu'on les
» enfonceroit d'un coup de pied ; cependant
» on ne peut non plus s'enfuir de là que des
» plus grosses tours, & l'on y souffre plus que
» dans un cachot : car les criminels y sont
» mis les uns sur les autres, & le portier tient
» ces chambres sales & puantes exprès, afin
» que les prisonniers achetent plus vîte &

› plus cher la liberté d'être mis ailleurs & de
› prendre l'air ››.

Si les criminels ont de l'ar gent à offrir à
ces Alguazils, & sur-tout si la somme est considérable, on les conduit devant le Juge
pour la forme, & souvent pour servir de témoins ; mais s'ils n'en ont point, ils sont gar-
rottés, maltraités, frappés à coups de bâton,
tant sur la route que dans la prison.

Je passe aux corvées, fléau des Peuples
dans tous les Etats, & que le despotisme
met en usage dans cet Empire pour les écra-
ser ; elles y sont excessives, & s'y montrent
sous des formes inconnues en Europe. Le
Roi, les Grands, les Magistrats, tout le
monde en impose. « Il faut mettre entre les
› revenus des Rois de Perse, dit notre Voya-
› geur, certaines grosses dépenses dont ils se
› déchargent sur leurs Sujets, & qu'ils leur
› imposent, soit en les faisant travailler sans
› les payer, soit en leur faisant payer ce
› qu'il faudroit qu'ils payassent eux-mêmes,
› & qui leur coûteroit une infinité d'argent.
› Voici les principales de ces impositions.
› Premiérement, la taxe des métiers, qui est

» de dix sols pour chaque boutique d'Artisan,
» & par boutique de revendeur, vingt sols ;
» sur quoi il faut remarquer qu'il n'y a de mé-
» tiers taxés que ceux qui ne sont pas sujets
» aux corvées, c'est-à-dire à fournir des ou-
» vriers en toute rencontre pour le service
» du Roi, sans en recevoir de paie : comme
» les Maçons, les Charpentiers & tels autres,
» qui se trouvent bien plus chargés que ceux
» qui paient les droits en argent ; car lorsqu'il
» y a quelque chose à faire pour le Roi, les
» Chefs des métiers sont obligés de four-
» nir des ouvriers par corvée, & c'est une
» épargne fort grande pour le Roi ; car, par
» ce moyen, il ne dépense rien en mille choses
» qui, d'ordinaire, emporte l'argent le plus
» clair : en bâtiments, par exemple, & en répara-
» tions. Secondement, les taxes appellées les
» impôts du Conseil, dont il y a de diverses
» sortes. Ces impositions sont des extraordi-
» naires ; comme le défrai d'un Ambassa-
» deur, sa nourriture & les voitures qu'on lui
» fournit, qui sont aux dépens des lieux par
» où il passe ; les illuminations dans les so-
» lemnités, qui sont aussi aux dépens des lieux.

» Ce font des aubaines que ces impôts ou
» taxes pour les Régents ou petits Magiftrats
» qui les levent ; car fûrement ils levent au
» moins une fois plus qu'il ne faut pour payer
» la dépenfe (1) ».

Voilà une très-petite partie des corvées
qu'exerce le Defpote chez cette Nation infortunée ; car il en exige fur mille autres objets, par exemple, quand il va à fes maifons
de plaifance, quand il lui prend fantaifie de
promener fon ferrail, quand il veut divertir
fa Cour par des campements champêtres.

Celles dont les Grands accablent les gens
de la campagne, ne font pas moins énormes.
« Les Grands oppriment les petits à force
» ouverte, les petits tirent raifon des Grands
» par fourberie ; mais fi les Payfans trompent
» le Seigneur, il s'en dédommage bien par
» les corvées dont il les accable. Il les em-
» ploie à des ouvrages qu'il fait faire fur les
» lieux, édifices, jardins, & autres : ou bien
» il faut que le village lui donne par jour
» tant de gens fans aucun falaire. Il fe fait

____

(1) Voyages de Chardin, tom. 6, chap. 5.

» donner des voitures pour rien par ſes
» Payſans ; il ſe fait nourrir par eux tant de
» jours, quand il eſt ſur les lieux, & quel-
» quefois il convertit la nourriture en argent.
» Ses Receveurs ou les Intendants qu'il en-
» voie ſont traités de même, & il met en-
» core d'autres taxes ſemblables (1) ».

Ajoutons à ces traits que les Payſans de
Perſe ſont ſerfs ; qu'ils n'ont rien en propre
que quelques mauvais meubles ; que les petits tyrans qui les dominent ne font pas plus
de cas de leur vie, que le Sophi en fait de la
leur propre ; qu'ils dépendent de tous ceux
qui ſont revêtus de la moindre autorité ;
qu'ils ſont maltraités, vexés, foulés non ſeu-
lement par les Gouverneurs, les Intendants,
les Magiſtrats, mais encore par leurs valets.

Le deſpotiſme eſt donc un monſtre qui
dévore les Peuples. C'eſt un fait évident par
rapport à la Perſe : le droit eſt facile à établir, ſoit à l'égard de cet Empire, ſoit à l'égard
de ceux de tout l'Orient.

Qu'eſt-ce que les Gouvernements de

---

(1) Voyages de Chardin, tom. 6, chap. 5.

l'Aſie ? Ce ſont des inſtitutions ſociales où des tyrans, fantômes de Rois, font régner ſous eux une multitude d'autres tyrans, à qui ils font couper la tête par fantaiſie & par caprice.

Rien n'eſt exagéré dans cette définition, tout en eſt vrai. Les Princes de l'Orient ne ſaiſiſſent de la ſouveraineté que le pouvoir de faire mourir, étrangler, maſſacrer leurs Viſirs, leurs Bachas, les Grands de leurs Royaumes. Ces Mahométans efféminés, ſont élevés dans des ſerrails avec des femmes & des eunuques ; on ne leur donne pendant leur ſolitude aucune connoiſſance des affaires ; nuls principes de politique ne frappent leurs oreilles : quand le Maître du ſerrail qui les a précédés vient à mourir, ils montent ſur le Trône, ſans avoir jamais prévu qu'ils régneroient un jour. C'eſt pourquoi, pour la ſûreté de l'Etat, il faut qu'on mette quelqu'un ſous eux pour gouverner à leur place ; & ce choix eſt ordinairement fait par des eunuques, par des femmes, par la mere du ſtupide qui va régner. Auſſi, & c'eſt la réflexion de preſque tous les Voyageurs, ces

Princes d'Asie ne sont Rois que pour la montre, leurs Ministres sont les véritables Rois pour les affaires.

Mais ces Ministres qui participent de l'indolence & de la paresse de leurs Maîtres, ne peuvent pas tout voir par eux-mêmes, ne peuvent pas tout faire; il leur faut des aides au Palais, des substituts dans les provinces; ce n'est cependant pas là où gît le mal: il est bien difficile de ne pas employer une multitude de ressorts pour faire mouvoir une immense machine; mais voici la roue d'iniquité de ces administrations.

Les coopérateurs du Visir sont ou ses créatures, ou celles de ses protectrices: quels qu'ils soient, il est infiniment intéressé à les ménager, soit pour se faire des appuis, soit pour ne point se faire d'ennemis. Tous ces gens sont autant de colonnes sur lesquelles repose la machine infernale de sa fortune. Que ces substituts qu'il envoie dans les provinces, vexent & tyrannisent les Peuples, bien loin de leur rendre justice, comme il arrive ordinairement! qu'au lieu de tondre les brebis, ces pâtres avides les écorchent! Quel remede trouvera-t-on à ces maux ? Un avis, fans doute, une plainte, une requête préfentée à celui qui écrafe les Grands, comme les infectes qui fe trouvent fous fes pieds. Mais comment ces plaintes lui parviendront-elles ? toutes les avenues de fon Palais font fermées, ou, ce qui revient au même, occupées par les amis, par les créatures du Miniftre.

Le Defpote a-t-il affez d'énergie dans l'ame pour s'inftruire, pour parcourir fes Etats, & voir les chofes par lui-même ? Non. Il a été élevé dans l'indolence, la molleffe, les plaifirs des fens; & lorfqu'il eft fur le Trône, ce font fes grandes, fes interminables occupations. Tout paffe par les mains du Vifir, des Officiers de la Cour, des femmes, des eunuques. Comment cette requête pourra-t-elle parcourir toutes les finuofités de ce dédale, fans être arrêtée ?

Mais fuppofons qu'elle parvienne jufqu'au Souverain, qu'en réfultera-t-il ? La mort indubitablement de celui contre lequel elle eft dirigée; point du tout. On eft avare en Afie, comme en Europe, du fang des Grands :

il ne se répand que quand le Despote s'imagine qu'il y a crime de leze-majesté dans le délit.

La manie de ces Cours est d'envoyer des Commissaires sur les lieux, qui font des informations, ou qui n'en font pas, mais que les présens gagnent toujours. Si quelquefois on mande le délinquant, il en est quitte pour offrir une partie de sa fortune au Ministre, qui fait terminer cette comédie à son avantage.

D'ailleurs dans tous ces Empires d'Asie, les Gouverneurs, les Intendants ont des mouches & des agens à la Cour, qui observent les dispositions du Prince & du Visir, qui en donnent fidélement avis à leurs patrons, qui offrent leurs présens, qui sollicitent pour eux, qui cabalent. Tous les Voyageurs parlent de ces surveillants, lorsqu'il s'agit d'affaires ou d'intrigues de Cour. Chardin dit même que ces especes d'agens sont des femmes du serrail, des maîtresses du Roi; parce que les grands Seigneurs ont soin d'y faire entrer leurs parentes, pour leur servir d'appui dans l'occasion.

Comment donc un tel Gouvernement, où tout est arbitraire ; où il n'y a point de regles certaines sur lesquelles on puisse se modeler ; où tout dépend du caprice d'un seul homme, biens, vie, liberté, honneur ; où tout est tyran & tyrannisé tout à la fois ; comment, dis-je, un tel Gouvernement n'est-il pas le plus mauvais possible ?

LIVRE III.

Des différents Ordres de Citoyens dans la Monarchie.

CHAPITRE PREMIER.

Des Ministres de la Religion.

LA Monarchie, comme nous l'avons vu, est une société gouvernée par un seul homme, qu'on appelle Roi, Souverain, & dont tous les mouvements doivent être dirigés par la loi naturelle & la loi divine. Dans ce Gouvernement, toute la force, toute la puissance, toute l'autorité se réunissent sur une seule tête : s'il est d'autres pouvoirs dans l'Etat, ils ne font qu'une émanation de ce pouvoir primitif, toute autre grandeur n'est qu'une grandeur empruntée, qui prend sa source dans le Trône même.

Un

Un Roi eſt par rapport à ſes Etats, ce qu'eſt la Divinité par rapport à l'Univers entier : tous ſes Sujets ſont égaux à ſes yeux, parce qu'un pere voit d'un œil égal tous ſes enfants ; mais entr'eux il y a différentes claſſes qui les rapprochent plus ou moins du Trône, comme dans la chaîne des êtres créés, il y a différents degrés qui les rapprochent plus ou moins de l'Etre-Suprême. De là les différents ordres de Citoyens : je vais en parler dans ce livre, je commence par le Clergé.

La Religion eſt, ſans doute, le premier & le plus utile frein de l'humanité ; c'eſt l'un des principaux reſſorts de la civiliſation : elle nous prêche & nous rappelle ſans ceſſe la fraternité, elle adoucit notre cœur, elle éleve notre eſprit, elle flatte & dirige notre imagination. Il en faut donc une à une ſociété quelconque, ou, ce qui revient au même, il lui faut un culte extérieur ; ce principe, malgré le pyrrhoniſme de Bayle, ſera toujours inconteſtable : en conſéquence il faut des Miniſtres de ce culte public. Mais ces Miniſtres doivent avoir un rang dans la Nation ; quel ſera celui qu'on leur aſſignera ?

H

La place qu'occupe un Citoyen dans l'ordre social, doit avoir du rapport avec les fonctions qu'il exerce auprès de la multitude. Celui qui commande ne peut pas être au-dessous de celui qui obéit. Ainsi le Magistrat est au-dessus du Peuple, le Général est au-dessus de l'armée; l'un, parce qu'il veille au maintien & à l'exécution des Loix; l'autre, parce qu'il est préposé sur les guerriers, qu'il leur fait observer l'ordre & la discipline, qu'il les dirige dans tous leurs mouvements. Mais le Prêtre n'est-il pas préposé sur les Autels? Ne veille-t-il pas à la majesté du culte, à la pureté de la morale? Ne concoure-t-il pas puissamment avec le Magistrat ou le Guerrier, à faire rendre au Souverain l'obéissance qui lui est due; à faire régner la justice, la paix, l'union dans la société? Il est donc voué à des fonctions nobles & utiles, son rang doit donc être distingué, ses privileges honorables.

Aussi voyons - nous l'Ordre sacerdotal jouir des prérogatives les plus flatteuses, & d'une autorité respectable dans une société formée par la main de Dieu même, & dont toutes les loix étoient une émanation de fa fageffe. Dans la République Juive, la Tribu de Lévi fut non feulement exempte de tous fubfides & de tous impôts, mais encore elle eut un revenu confidérable pris fur les biens des autres Tribus, & fut encore diftinguée par les dignités politiques dont fes Membres furent décorés.

Sans parler des facrifices & des oblations volontaires que la loi adjugeoit en tout ou en partie aux Prêtres, examinons les revenus fixes qu'elle leur affignoit. Dès que les enfants des Patriarches furent fortis d'Egypte, Moïfe leur déclara de la part de Dieu, que les Lévites n'entreroient point dans le partage de la terre promife, mais que leurs freres leur paieroient la dîme exacte de tous leurs biens. Cette loi fut en vigueur depuis fa promulgation dans les déferts de l'Arabie, jufqu'à la ruine de Jérufalem. L'Ordre facerdotal jouiffoit donc, chez cette Nation, de la dixieme partie au moins des revenus de l'Etat, tandisque chacune des autres Tribus ne poffédoit pas même le douzieme.

De même fans faire ici mention d'Aaron,

d'Hély, de Samuel, d'Esdras, & des Héros de la famille des Machabées, tous descendants de Lévi, & qui gouvernerent en différents temps le Peuple Juif, pour nous former une juste idée de l'autorité permanente de cette Tribu dans l'ordre politique, voyons quelle part elle eut dans l'administration des affaires publiques.

D'abord j'apperçois que Moïse fait présider le conseil national par les Prêtres, qu'il leur éleve un Tribunal, du haut duquel ils doivent juger de tous les différends & de tous les crimes. Il ne s'agit pas ici de Magistrats subalternes dont les jugements pouvoient être sujets à revision, mais d'une Cour souveraine qui jugeoit en dernier ressort, qui devoit résider dans la Capitale, & qui fut connue vers la fin de la République, sous le nom de *Sanhédrin*. Ce conseil fut ensuite confirmé, à différentes époques, par les Rois. Nous en voyons plusieurs, le pieux Josaphat entr'autres, renvoyer leurs Sujets à ce Tribunal. En conséquence l'Historien Josephe nous dit que les Prêtres de la Judée étoient Juges souverains de toutes les causes,

& qu'ils avoient été établis Magiftrats fuprêmes par le Légiflateur de la Nation.

Si l'on veut une tradition plus étendue fur cette matiere, plus perfuafive peut-être pour bien des gens, que l'on parcoure avec moi l'Hiftoire des Peuples : celle, premiérement, de cet âge où la Nature, dans fon berceau, n'avoit point été encore pervertie par l'ambition, l'intérêt & les autres paffions des hommes, qui ont confondu & bouleverfé la fociété.

Dans l'enfance du genre humain, la double qualité de Prêtre & de Roi étoit réunie dans la même perfonne. Celui qui commandoit à fes femblables, avoit l'honneur d'invoquer la Divinité pour eux : il étoit en même temps chargé de repouffer les ennemis de l'Etat & d'implorer le fecours du Ciel. Melchyfédec, Roi de Salem, étoit Prêtre du Très-Haut ; Abraham, Monarque & Pontife, exerça toute fa vie les fonctions de l'une & l'autre dignité ; les Patriarches Ifaac, Jacob & les enfants de ce dernier, Souverains de leurs petits Etats, étoient auffi Prêtres du Dieu vivant ; Job, enfin, dont les amis étoient des Potentats de l'Orient, offroit tous les jours des sacrifices d'expiation pour ses enfants. Tel est en raccourci le tableau du premier âge du monde.

Si nous jetons un coup-d'œil sur les siecles suivants, nous jouirons du même spectacle. Quoique l'idée du vrai Dieu fût alors presque effacée de la mémoire des hommes, & qu'ils rendissent un culte sacrilege à la pierre, au bois, au métal, cependant les Ministres de ce culte impie ne furent pas moins riches & puissants. On leur rendoit des honneurs presque divins à Tyr, à Memphis, à Babylone : ils y furent Conseillers des Rois, & les Souverains qui se glorifioient d'appartenir à leurs Colleges, n'avoient parmi eux d'autre distinction que celle du premier rang.

Sous la domination romaine, le Sacerdoce fut aussi très-distingué dans l'ordre politique. Numa, second Roi de Rome, en fut le Législateur & le Prêtre; il ajouta au titre de Monarque celui de souverain Pontife. Cette dignité passa à ses successeurs, & lorsque le Trône de Rome fut renversé, on vit les plus grands Personnages de la République briguer les charges sacerdotales : enfin les Empereurs se déclarerent les Chefs des Ministres de la Religion, & réunirent sur leurs têtes le souverain Pontificat.

Chez les Barbares mêmes, les Sacrificateurs & les Prêtres ont été dans la plus grande vénération. Les Druides furent chez les Nations Celtiques, les oracles des Peuples : toutes nos anciennes Histoires font foi de la déférence qu'avoient pour eux nos peres, & des honneurs qu'ils leur rendoient. Les Lamas & les Bramines ont joui & jouissent encore en Asie du plus grand crédit. Les Calyphes en Egypte tenoient d'une main l'encensoir, & de l'autre les rênes de l'Empire Sarrasin. Les Prêtres dans le Pérou & dans le Mexique étoient, après les Rois, à la tête des deux Nations.

La Nature, quoique défigurée chez les Peuples idolâtres, laisse encore appercevoir quelques traces de son ancienne beauté; ainsi trouve-t-on dans la fange les métaux les plus précieux. Dans toutes les Religions, chez tous les Peuples, dans tous les âges du monde, le Sacerdoce a donc formé un Corps respectable, distingué par ses richesses & par l'autorité dont il a joui dans l'ordre politique.

Ce sont ces considérations, prises dans la Nature même, puisées dans les constitutions sociales du Peuple de Dieu, & qu'une tradition parlante de faits & d'usages confirmé chez les autres Nations, qui ont servi de fondement aux privileges du Clergé Chrétien.

De là sont découlées, comme d'une source pure, les immunités & les prérogatives de l'Eglise. Les Constantin, les Théodose, les Gratien, les Honorius, les Justinien porterent ce jugement avantageux du Clergé, & ces sentiments leur inspirerent la bienfaisance qu'ils ont montrée à son égard en le comblant d'honneurs & de richesses. Tel est aussi le motif qui animoit les Clovis, les Charlemagne, les Henri, les Charles, les Louis & tant d'autres Souverains de l'Europe, qui ont confirmé, augmenté même les privileges accordés à l'Eglise par les Empereurs Romains.

La garde des Temples est confiée aux Prêtres; ils sont destinés à offrir au Ciel les hommages du reste des hommes, à leur enseigner les regles des mœurs & celles du culte dû à la Divinité ; ils prient pour la multitude & pour le Souvérain : voilà les fondements de leurs privileges. Si le Clerc est exempt des charges publiques , c'est parce que ses assiduités à l'Autel ne comportent aucune autre espece d'assujettissement ; s'il a un droit exclusif aux revenus ecclésiastiques, c'est que celui-là seul qui travaille à l'Autel, doit vivre de l'Autel ; si ses privileges personnels sont tels, que l'Eglise frappe d'anathême quiconque oseroit porter sur lui une main sacrilege , c'est qu'étant voué à Dieu, le ministere qu'il exerce auprès de lui exige ce respect ; c'est qu'il est l'oint du Seigneur, & que la décence du culte public demande ces précautions contre l'audace des impies.

L'esprit de notre siecle est bien opposé aux idées que je viens de développer ; la nouvelle philosophie, ou plutôt l'impiété, attaque la Religion de toute part ; ses Ministres ne doivent donc pas être épargnés. Aussi fait-elle tous ses efforts pour représenter l'autorité du Clergé Chrétien, comme une domination in jufte, & une ufurpation fur la fociété. Je ne m'arrêterai point à repouffer ces déclamations odieufes, qui tombent d'elles-mêmes, par ce que je viens de dire ; mais j'avouerai de bonne foi, avec le petit nombre d'honnêtes gens qui n'ont pas fléchi le genou devant l'idole de la fortune, que l'Ordre facerdotal prête au farcafme, que le fcandale même vient des pierres angulaires du Sanctuaire.

Le fafte, l'ambition, l'avidité infatiable des Pontifes femblent autorifer ces déclamations. Point de réfidence ; le troupeau eft abandonné aux foins des fubalternes, tandis que le voluptueux ou intriguant Prélat répand avec profufion dans la Capitale les tréfors du Temple ; point de modeftie, la magnificence des palais, la richeffe des ameublements & des équipages, l'éclat des livrées, le cortege des domeftiques, la beauté & le nombre des chevaux annoncent plutôt un Prince, ou un grand Officier de la Couronne, qu'un fucceffeur des Apôtres ; point de refpect pour les regles de l'Eglife, on accumule fur fa tête, fous divers prétextes, la

fortune de vingt Citoyens : penfions, Prieu-
rés, Abbayes, Bénéfices de toute efpece, tout
eft bon pour entretenir le fafte, nourrir la
molleffe d'un oifif Prélat ; & le Clergé tra-
vaillant eft dans l'indigence ; point de douceur dans le gouvernement, les Canons font
pour les Eccléfiaftiques du fecond ordre, on
les leur fait obferver avec rigueur, & on s'en
difpenfe avec indécence.

Mais fi ces taches défigurent le tableau
de l'Eglife, elles n'en effacent pas tous les
traits. Il eft encore des Pontifes dignes de ce
nom refpectable, dont l'extérieur eft im-
pofant, les mœurs fimples, le zele actif &
vigilant ; qui veillent fur leurs Diocefes, qui
forment de fages Séminaires, qui entretiennent l'ordre & la paix dans les Communautés
Religieufes, qui réfiftent aux méchants & fup-
portent les foibles, qui font toujours prêts
à fecourir les malheureux, & qui, dans ce
fiecle d'erreur, foutiennent la faine Doctrine
par leurs écrits, & font rougir les libertins
& les mécréants par leurs vertus.

CHAPITRE II.

De la Noblesse.

LA Noblesse est ou le fruit du brigandage, ou le produit de l'or, disent ses détracteurs, esprits inquiets, nés dans la fermentation des systêmes philosophiques de nos jours.

A la vérité, l'Histoire de nos anciens Preux, & celle de l'élévation des Nobles d'aujourd'hui, donnent un air de vraisemblance à cette épigramme. Mais ce ne sont pas là les vrais titres de la Noblesse ; ceux-ci ne sont ni noircis par le métal de la finance, ni rougis par le sang des Citoyens. Il faut remonter, pour en trouver l'origine, jusqu'à la vertu, la valeur, les services rendus à la Patrie ; jusqu'à l'héroïsme, jusqu'aux grands Hommes des premiers siecles d'une Nation.

Sans doute à ces époques, les Rois s'attacherent à récompenser le mérite, à distinguer de la multitude ceux de leurs Sujets qui se signaloient par leur intrépidité contre les

ennemis de l'Etat, par leurs talents à gouverner les Peuples, par leur zele pour le bien
de la Patrie, par des vertus guerrieres, civiles & politiques.

Les descendants des hommes illustres,
qui furent ainsi séparés de la foule, excités
par les exemples de leurs ancêtres, mérite-
rent par d'autres actions héroïques les mêmes
distinctions & les mêmes prérogatives. Ce fut
ainsi que se perpétuerent les titres honorifi-
ques dans les familles, & que le sang d'un
Héros, passant de génération en génération,
s'enorgueillit de circuler dans les veines de
ses derniers neveux.

Mais si mes ancêtres, ou n'ont pas été
assez heureux, ou ont manqué d'habileté
pour illustrer mon nom, je vivrai donc sans
gloire chez un Peuple où l'honneur est le
premier des biens ? Non. La porte des distinctions vous est aussi ouverte. Marchez sur
les traces de ces héros que la Nation vénere ;
signalez-vous par des services éclatants, &
les titres viendront vous chercher. Les Fa-
bert, les Duguay-Trouin, les Chevert, les
l'Hôpital, les Jeannin n'avoient pas d'aïeux.

Telle est la source de la vraie Noblesse. Celle qui remonte à cette origine, mérite nos respects & nos hommages, pourvu toutefois que les branches conservent la force, la fraîcheur & l'éclat du tronc. Car penser que la considération est attachée à des quartiers, c'est s'imaginer follement que les Gentilshommes sont pétris d'un autre limon que le reste des Enfants d'Adam.

Cependant ne semble-t-il pas que ce préjugé absurde soit un dogme politique dans toute l'Europe ? La carriere des honneurs & des places est ouverte à la seule Noblesse : le mérite qui n'est pas appuyé de parchemins, reste dans la médiocrité. Je ne parle pas de ce mérite transcendant qui perce malgré la jalousie & les cabales, & que cependant elles étouffent encore quelquefois ; mais celui d'un homme honnête, qui sans être un héros, parce que peut-être on ne lui en a pas fourni l'occasion, est un Citoyen utile & respectable, est toujours négligé.

Les dispensateurs des graces, les Seigneurs en place font sonner bien haut cette maxime : *A mérite égal, le Gentilhomme doit être pré-*

féré. J'adopte la maxime ; cette préférence eſt raiſonnable, parce que les égards qu'attire à l'homme de condition ſa qualité, le mettent à même de faire plus de bien ; mais quand il eſt choiſi entre cent contendants, dont les talents ſont bien ſupérieurs aux ſiens, c'eſt, je crois, couper la racine à l'émulation dans les autres Ordres de l'État, c'eſt faire rentrer le mérite en terre. Dans les Cours, dans les Armées, dans l'Egliſe, toutes les places ne ſont-elles pas occupées par des Gentilshommes ? & ne font-ils pas l'impoſ-ſible pour tenir dans l'éloignement ceux qu'il leur plaît d'appeller *gens ſans naiſſance ?*

J'entends la Nobleſſe ſe récrier à cette réflexion naturelle & ſenſée, & rappeller, pour appuyer ſes prétentions, les temps où le tiers-état n'étoit compté pour rien, où les ſeuls Nobles compoſoient réellement les Na-tions, le reſte étant ſerf, c'eſt-à-dire marqué du ſceau de l'eſclavage & de l'infamie.

Ces ſiecles d'horreurs & de ténebres de-vroient être effacés pour jamais des faſtes de l'Europe ; ils ne ſont propres qu'à faire rougir la Nobleſſe des excès abominables auxquels ses peres se sont livrés ; c'est vraiment dans ces temps où le fanatisme de l'honneur faisoit autant de monstres de chaque possesseur de fief.

L'Europe étoit alors couverte d'extravagants Guerriers, dont la fierté & la valeur ont tant d'éclat dans les Romans, & qui, aux yeux de l'humanité & de la raison, n'offrent que des brigands revêtus de lames d'acier. Ces généreux Chevaliers se faisoient entr'eux les guerres les plus cruelles ; ils tenoient pour le plus beau de leurs privileges, le pouvoir de ravager, à la tête de cinquante scélérats, les terres d'un autre Preux, qui, dans le même temps, ensanglantoit, avec une armée pareille, leurs propres possessions. Malheur aux Colons qui étoient dans le voisinage de leurs châteaux, ils étoient tôt ou tard la proie de la fureur ou de l'avidité de ces héros ; les Voyageurs n'étoient pas même en sûreté dans les chemins ; il falloit aller en troupe, en caravane, comme on est obligé de le faire en Arabie, pour se garantir des incursions de ces brigands.

Il fallut toute la fermeté des Souverains,

qui

qui gémiffoient de ces atrocités, pour en arrêter le cours, & ce fut l'ouvrage de plufieurs fiecles.

Saint Louis fut le premier Monarque fufcité par la Providence pour porter des coups à ces ufages barbares : il établit la trêve de Dieu, c'eft-à-dire qu'il fixa des jours dans l'année, où, à l'exclufion de tous autres, les Gentilshommes auroient la liberté de fe maffacrer, eux & leurs vaffaux : ne pouvant tenir perpétuellement à la chaîne ces hommes féroces & barbares, il les y mit du moins pendant quelques inftants.

Les fucceffeurs de Saint Louis, les Empereurs d'Allemagne, & plufieurs autres Souverains de l'Europe fuivirent cet exemple, & firent en différents temps des loix pour abolir cette fureur. L'établiffement des communes & l'affranchiffement des ferfs y contribuerent beaucoup. Enfin le Cardinal de Richelieu, le plus grand Miniftre que la Monarchie Françoife ait eu, fi l'on ne veut ufer à fon égard des droits de la Divinité & fouiller dans fon cœur pour y trouver des motifs de jaloufie, de vengeance, de haine

I

& de défiance, coupa la derniere tête de cette hydre engraiffée du fang des Peuples. Par lui la tyrannie féodale fut modérée, un nouvel ordre de chofes s'établit plus conforme à la nature & à l'humanité. Chaque Sujet de l'Etat recouvra fa valeur aux yeux de la politique ; & de cette foule d'hommes peu appréciés auparavant, fortirent de grands Artiftes, de grands Magiftrats, de grands Guerriers. Les Nobles commencerent alors à décheoir, ou plutôt à perdre cet afcendant ufurpé par lequel ils retenoient les autres Citoyens dans le néant. Ils furent réduits à leurs fonctions naturelles, pour lefquelles on leur avoit fait tant de conceffions, accordé tant de privileges, tant d'immunités ; pour lefquelles ils poffedent tant de terres, tant de fiefs, tant de feigneuries ; pour lefquelles ils ont tant de charges éminentes, tant de dignités, c'eft-à-dire qu'ils furent alors reftreints à la défenfe du Trône & de la Patrie.

Jufqu'au fiecle de François Premier, toutes les guerres de l'Europe avoient été faites par la Nobleffe. Dans ces temps, on n'arrachoit point les Cultivateurs aux travaux de la campagne pour en faire des guerriers mercenaires. Les Gendarmes, les Bandes, les Compagnies d'ordonnance étoient des troupes compofées de Gentilshommes.

La Nobleffe Françoife fur-tout a toujours montré beaucoup d'ardeur pour le métier des armes. Le préjugé général eft que cette émulation vient de la conftitution de cette Monarchie qui eft militaire : je ne vois pas trop ce que cette phrafe fignifie; du temps du Roi Robert, elle avoit un fens, parce que les feuls Militaires ou les Nobles avoient une exiftence, mais aujourd'hui tous les Sujets de la Couronne font Citoyens, & le feul mérite doit les diftinguer. Cependant l'état militaire eft celui qui eft le plus confidéré dans ce Royaume, je n'en puis pas convenir. Un Préfident à Mortier eft plus confidéré qu'un Major de Régiment, un Intendant qu'un Colonel, un Fermier-Général qu'un Maréchal-de-Camp. Les hommes en confidération en France font les grands Seigneurs de la Cour, les Miniftres, les Adminiftrateurs des Finances, j'ai penfé ajouter tous les gens riches,

Quoi qu'il en soit, l'inclination de la Noblesse Françoise est la guerre. Autrefois, même dans des temps qui nous touchent de près, elle étoit presque toute sous les armes. On sçait que Henri IV avoit toujours quatre mille Gentilshommes autour de lui, sans compter ceux qu'entretenoient les Seigneurs de son parti, & qui étoient répandus dans les différents Corps. Henri III & les Chefs de la ligue en avoient sans doute aussi dans leurs armées. Montluc en mettoit toujours quarante à la tête de ses Compagnies, & c'étoient les braves à qui il confioit les expéditions les plus hasardeuses.

L'ordre de l'Etat qui se consacre ainsi aux travaux & aux dangers de la guerre, qui renonce à toute autre profession qu'à la gloire de défendre la Patrie, mérite, sans doute, des avantages de prééminence & de considération sur les autres Citoyens. Tandis que, tranquilles dans nos foyers, nous jouissons des agréments & des commodités de la vie domestique, ces généreux guerriers exposent leur vie, versent leur sang pour nous assurer cette tranquillité. Quel est l'homme, pour peu sensible qu'il soit, qui, à la vue d'un Militaire qui a blanchi sous le harnois, ou qui a laissé une partie de son existence sur le champ de bataille, ne sente son cœur pénétré de la plus vive reconnoissance?

Mais pourquoi nos armées ne sont-elles plus peuplées de Gentilshommes, comme dans les siecles précédents? Pourquoi, en temps de paix comme en temps de guerre, la Capitale & les Provinces sont-elles surc hargées d'une Noblesse inutile à elle-même & aux autres, & qui ne contribue en rien au mouvement général de la société? Pourquoi? Parce que l'état de soldat, qui devroit être l'école des héros, est avili: on rougiroit actuellement de commencer comme a fait Montécuculli. Pourquoi? Parce que le luxe des Militaires financiers écrase la Noblesse: la médiocrité est devenue ridicule dans celle de toutes les professions qui dit hautement avoir l'honneur pour fin unique. Pourquoi? Parce que la vénalité s'est introduite dans les emplois: un Gentilhomme de campagne n'est pas en état d'acheter à son fils le droit de servir sa Patrie. Pourquoi? Parce que la Noblesse de province n'a plus les reſſources qu'elle avoit autrefois : les grands Seigneurs mettent aujourd'hui en livrées, en chevaux, en chiens, en équipages, en ameublements, en luxe, en faſte, un ſuperflu que leurs peres employoient utilement à entretenir dans les armées de nombreux corps de Gentilshommes.

Pourquoi enfin ? Parce que les charges militaires, les diſtinctions, les récompenſes circulent dans un certain nombre de familles qui ont la vertu attractive de toutes les graces, parce qu'on voit les récompenſes de dix guerriers accumulées ſur la tête d'un ſeul. Bayard, ce Chevalier ſans peur & ſans reproche, l'ami de ſon Roi, qui avoit fait la guerre toute ſa vie, mourut, les armes à la main, Lieutenant - Général du Dauphiné, encore ne l'étoit-il que depuis quelques années ; & des jeunes gens, qui à peine ont vu l'ennemi, ſont actuellement Penſionnaires de la Couronne, Officiers-Généraux, Gouverneurs de villes & de provinces, & poſſedent les premieres charges de la Cour.

CHAPITRE III.

Des Magistrats.

LES Magistrats partagent l'autorité du Souverain dans les fonctions les plus importantes du Gouvernement ; dans l'administration de la Justice, qui est le premier devoir des Rois ; car ce n'est que par occasion qu'ils ont des ennemis à combattre, mais ils ont toujours leurs Sujets à gouverner. Aussi les Rois ont-ils été long-temps eux-mêmes les Juges des Peuples. Ils partageoient leurs momens entre la conduite générale de l'Etat, & le repos des Particuliers. On se rappelle encore avec enthousiasme en France le chêne sous lequel S. Louis rendoit la justice à ses Sujets. Ce grand Prince croyoit, avec raison, que l'œil du Maître se remplace difficilement, & que les intérêts des enfants ne peuvent jamais être mieux qu'entre les mains de leur pere.

Mais la distance des lieux dans de vastes

Royaumes, l'obligation de préférer des foins plus importants à des détails qui le font moins, mais fur-tout l'efprit d'intérêt, de fraude & de divifion qui a multiplié les différends des Particuliers, ont obligé les Monarques à fe choifir de fages coopéra-teurs, & à leur communiquer leur autorité dans l'adminiftration de la Juftice.

Les fonctions des Magiftrats font donc très-auguftes. Ils font faifis du glaive royal pour protéger l'innocence & punir le crime, pour faire obferver les Loix du Souverain, & terminer les querelles des Sujets. Ce font des Dieux fur la terre, de qui dépendent la vie, l'honneur, la liberté & la fortune des Citoyens. Ils doivent donc être refpectables par leur caractere, leur âge, leurs talents, leur intégrité. Le Public doit reconnoître en eux des perfonnages remplis de la fcience des Loix, du zele de la Juftice, de définté-reffement, de probité, d'amour de la Patrie, & d'attachement au Trône.

Mais comment préfumer ces éminentes qualités dans un Magiftrat à qui l'or a frayé la voie à cette dignité, & qui a acheté, à prix d'argent, le pouvoir de juger les hommes ? La vénalité des Charges de Judicature eſt, ſans doute, la plaie la plus profonde qu'on ait faite à la Juſtice. Le Miniſtre qui la perſuada le premier à ſon Maître, mérite les anathêmes de la poſtérité, comme il fut accablé de ceux de ſes contemporains.

En effet, comment remplir les Tribunaux de perſonnes illuſtres par leur naiſſance, par leurs vertus, par leurs lumieres, ſi la médiocrité de leur fortune leur donne l'excluſion ? Comment empêcher au contraire que des hommes obſcurs, ſans nom, ſans alliance, ſans élévation, ſans courage, occupent les plus illuſtres Sieges, s'ils ſont en état de porter au tréſor du Prince les ſommes preſcrites ? Quel reſpect la Nation aura-t-elle pour des hommes nés dans la fange, élevés dans la baſſeſſe, enrichis par des voies équivoques, & ſouvent engraiſſés du ſang du Peuple ? Quels égards ces hommes de métal auront-ils eux-mêmes pour la juſtice & la vérité, eux qui ne les auront jamais connues, qui n'en auront rien eſpéré, & qui devront tout à leurs richeſſes ?

N'eft-ce pas enflammer la cupidité, que de mettre ainfi en honneur l'or & l'argent, que de leur offrir & leur deftiner ce qu'il y a de plus refpectable ? N'eft-ce pas confondre le jufte & l'injufte, le gain honteux & le gain légitime, que de montrer à quoi l'on peut prétendre, fi l'on a l'habileté de devenir riche, de le devenir bientôt, & de le devenir fans mefure ?

Peut-être fe flatte-t-on de trouver à choifir dans le grand nombre des gens riches : l'expérience prouve le contraire. D'un côté, le prix des Charges enfle prodigieufement, fur-tout en temps de paix ; de l'autre, les anciennes Maifons de la robe s'éteignent ou s'appauvriffent : les dignités refpectées fous des noms illuftres, paffent fur des têtes plébéiennes, parce que les places ne peuvent demeurer vacantes, & que la vénalité les expofe aux plus offrants. C'eft donc une chimere que l'efpoir d'écarter les indignes, pendant que l'or fait le principal mérite ; il s'infinue partout ; il s'ouvre les paffages de tout. De là la corruption & le brigandage dans l'adminiftration de la Juftice ; on n'a point honte de vendre ce que l'on a acheté sans pudeur.

En vain voudroit-on alléguer les besoins de l'Etat, pour justifier la vénalité? Elle procure une ressource d'un moment, un secours passager, & laisse après elle une dette accablante ; c'est un spécifique d'un jour, qui pallie le mal, l'enflamme & l'envenime. Au reste, le plus pressant besoin d'un Etat est que la Justice soit respectée, que le mérite soit en honneur. Que conserve-t-on, si l'on ne conserve l'un & l'autre? Les véritables ruines ne sont pas celles qui paroissent aux sens; les grands désastres ne sont pas ceux qui peuvent être réparés avec le temps & des dépenses. Les plaies de l'avarice & de l'ambition sont bien plus profondes & plus durables; c'est ébranler les fondements du trône même, que de toucher à l'appui de l'intégrité & de la Justice.

En vain allégueroit-on encore que les richesses donnent de la considération, qu'elles mettent un homme en place en état de paroître avec décence, de soutenir aux yeux du vulgaire, à qui il faut en imposer, la dignité de sa charge? faux prétexte : demandez-le à notre

fiecle, quelque corrompu qu'il foit; quel
cas fait-il d'un Magiſtrat qui n'a d'autre re-
commandation que ſes richeſſes ? Depuis
quel temps font-elles devenues la preuve de
la probité, du ſçavoir, de l'amour de la
juſtice ? Qui a fait perdre aux perſonnes peu
favoriſées de la fortune, tout talent & tout
mérite ? Le noble déſintéreſſement n'eſt-il
donc plus une vertu ? Que deviendront ces
Citoyens reſpectables par leur intégrité, leurs
mœurs, leur ſçavoir, & qu'on laiſſe dans la
pouſſiere & l'oubli, parce qu'ils n'ont pas
eu la baſſeſſe d'accumuler des tréſors? Qui
exhortera déſormais leurs contemporains à les
imiter ? qui fera aſſez hardi pour ſuivre une
route qui ne conduit qu'à l'indigence & au
mépris ?

En vain, pour derniere reſſource, allé-
guera-t-on qu'un Magiſtrat riche n'a point
des vues d'intérêt dans l'exercice de ſa charge;
qu'il n'eſt point tenté de faire acheter la Juſtice, comme quelqu'un d'une fortune médio-
cre, qui ſe venge ſur les Plaideurs, des injuſ-
tices du ſort? Vaine raiſon encore, & cent
fois plus vaine que les précédentes. Ne fom-

mes-nous pas témoins tous les jours que les richesses n'éteignent point, même dans les Magistrats, la soif d'en avoir davantage? Peut-on espérer que le fils d'un homme enrichi par des moyens suspects, tienne la balance égale entre le pauvre & l'opulent? La modération n'est pas la vertu des parvenus; ils sont avares, durs, inhumains. Quels monstres dans le sanctuaire de la Justice!

Mais à quoi bon s'élever contr'un abus qu'il est impossible de déraciner? c'est traiter un mal incurable, il n'y a point de remede contre la vénalité. Dans des Monarchies si fécondes en ressources que celles de l'Europe, il y en a. Quel est-il? le remboursement. C'est aux Gouvernements à déterminer les moyens & les circonstances d'opérer cette heureuse révolution : il ne faut que la vouloir.

Je passe aux autres fonctions des Magistrats. Ils ne sont pas seulement établis pour rendre la Justice, ils le sont aussi pour faire connoître aux Peuples les Loix du Souverain. C'est aux Parlements, en France, à vérifier les Edits, les Ordonnances & les Déclarations de nos Rois, à leur donner cette authenticité qui résulte de leur manifestation aux autres Citoyens.

Ce n'est donc pas leur propre volonté qu'ils manifestent à la Nation, mais celle du Souverain qui est son unique Législateur. Ils attestent aux Peuples que cette volonté a tous les caracteres qui distinguent la volonté de l'homme de celle du Monarque ; quel est le fruit des conseils légalement demandés & légalement écoutés.

Les Parlements ne font donc pas colégiflateurs avec le Souverain ; loin des François cette dangereuse opinion incompatible avec la Monarchie. Aucun pouvoir ne peut contre-balancer celui de nos Rois. Dans les Assemblées les plus augustes de la Nation, tout s'y fait au nom du Roi, & rien n'est fait qu'en ce nom sacré ; Bodin nous l'atteste, les Etats-Généraux n'ont que le droit de remontrances, de supplications, de doléances.

« En cela, dit ce sage & profond Publiciste, qui existoit dans un siecle de guerres civiles où les esprits fermentent & font républicains, » se connoît la grandeur & majesté d'un vrai

» Prince Souverain, quand les Etats de tout le
» Peuple font aſſemblés, préſentant leurs re-
» quêtes & ſupplications à leur Prince, en toute
» humilité, ſans avoir aucune puiſſance de
» rien commander, ni décerner, ni voix déli-
» bérative : ains ce qu'il plaît au Roi con-
» ſentir ou diſſentir, commander ou défen-
» dre, eſt tenu pour Loi, pour Edit, pour
» Ordonnance. En quoi ceux qui ont écrit
» du devoir des Magiſtrats, & autres livres
» ſemblables, ſe ſont abuſés de ſoutenir que
» les Etats du Peuple ſont plus grands que
» le Prince : choſe qui fait révolter les vrais
» Sujets de l'obéiſſance qu'ils doivent à leur
» Prince Souverain : & n'y a raiſon ni fon-
» dement quelconque en cette opinion-là,
» ſi le Roi n'eſt captif, ou furieux, ou en
» enfance; car ſi le Prince Souverain eſt ſujet
» aux Etats, il n'eſt ni Prince, ni Souve-
» rain, & la République n'eſt ni Royaume,
» ni Monarchie, ains une pure Ariſtocratie
» de pluſieurs Seigneurs en puiſſance égale,
» où la plus grande partie commande à la
» moindre, en général & à chacun en parti-
» culier. Il faudroit donc que les Edits &

» Ordonnances fuſſent publiés au nom des
» Etats, & commandés par les Etats comme
» en Seigneurie Ariſtocratique, où celui qui
» préſide n'a puiſſance aucune, & doit obéiſ-
» ſance aux mandements de la Seigneurie,
» qui ſont toutes choſes abſurdes & incom-
» patibles. Auſſi voit-on qu'en l'aſſemblée
» des Etats de ce Royaume, tenus à Tours
» alors que le Roi Charles VIII étoit en bas-
» âge, & que les Etats étoient plus autoriſés
» que jamais ; Relly, Orateur, portant la
» parole pour tous les Etats, commence
» ainſi : Très-Haut, Très-Puiſſant, Très-
» Chrétien Roi, notre Souverain & naturel
» Seigneur, vos humbles & très-obéiſſants
» Sujets, &c. venus ici par votre comman-
» dement, comparoiſſent & ſe préſentent
» devant vous, en toute humilité, révérence
» & ſubjection, &c. & m'eſt enchargé de par
» toute cette notable Aſſemblée, vous expo-
» ſer le bon vouloir, l'affection cordiale,
» le ferme & arrêté propos qu'ils ont à vous
» ſervir & obéir, & ſubvenir en toutes vos
» affaires, commandements & bon plaiſir.
» Bref, tout le diſcours & narré des Etats,

» ne

» ne porte rien que fujétion , fervice &
» obéiffance. On voit le femblable aux Etats
» d'Orléans (1) ».

Je n'ignore pas qu'il y a eu des Affemblées
plus orageufes que celles-ci ; mais malgré les
clameurs, les cabales, l'efprit même de révolte, nos Rois ont toujours été les maîtres,
& rien n'eft paffé, n'a été arrêté, n'a été
décidé que de leur confentement & de leur
autorité.

Le pouvoir des Etats-Généraux fe rédui-
foit donc à faire des remontrances, & nos
Parlements en font en poffeffion depuis les
derniers Etats de Blois. Ce droit bienfaifant
qu'avoue la raifon, que le bien du Royaume
demande, & que tout bon Prince doit être
jaloux de voir exercer, eft la plus précieufe
prérogative qu'ait aujourd'hui la Magiftrature.

Toutes les fois qu'un Souverain, ou plutôt
des Miniftres entreprenants, s'oublient au
point de franchir les bornes que la loi naturelle & la loi divine ont mifes à l'autorité des

---

(1) De la République , Liv. I, chap. 8.

K

Rois, les Parlements doivent porter aux pieds du Trône les gémiſſements des Peuples & les vœux de la Nation.

Les Souverains ſont hommes, & ils peuvent ſe tromper ; ſans doute lorſqu'ils font le mal, c'eſt par erreur ; car il n'y a que des fous & des furieux, tels que des Néron, des Caligula, des Domitien, qui puiſſent vouloir le mal de leurs Sujets ; ils trouveront donc des reſſources dans les lumieres des Sages qui peuvent les approcher : & qui doit mieux mériter ce titre que ceux qu'ils honorent de leur confiance, pour rendre la juſtice à leur Peuple, que des Sénateurs qui ont blanchi dans les Tribunaux, dans l'étude des loix, & qui en font les dépoſitaires !

La religion d'un Prince peut être ſurpriſe, des Miniſtres abſolus peuvent vouloir que tout fléchiſſe ſous leur autorité, les remontrances ſont alors la ſauve-garde de la Nation, & peuvent ſeules arrêter le pouvoir arbitraire. Si même l'accès du Trône eſt facile, ſi les Magiſtrats peuvent librement y porter leurs repréſentations, les Miniſtres ſeront circonſpects ; ils auroient honte de donner occafion à des remontrances fréquentes ; ils ne propoferont en conféquence rien au Prince qui ne foit digne de lui, de fa bonté, de fa juftice ; rien qui ne foit conforme à la nature & à la Religion, rien qui ne tende au bien public. Cependant les Magiftrats, dans ces démarches délicates, ne doivent point afficher la hardieffe & l'audace des Tribuns de Rome ; ils ne doivent jamais oublier qu'ils font Sujets, & qu'ils parlent à leur Maître. Leurs remontrances doivent être l'expreffion d'un zele foumis & refpectueux ; car fe roidir contre l'autorité, ce feroit l'aigrir, ce feroit l'expofer à des écarts, ce feroit fouvent faire plus de mal que celui qu'on voudroit empêcher. Diftinguons bien les cas où le refus d'acquiefcement aux ordres du Souverain doit perfévérer, ou ceffer.

Loifeau va nous en inftruire : « Il y a, dit-il, » Chap. 11, n°. 9, trois fortes de loix qui » bornent la puiffance du Prince, fans inté- » reffer la Souveraineté, à fçavoir, les loix » de Dieu, parce que le Prince n'eft pas » moins Souverain pour être fujet à » Dieu ; les regles de juftice, (c'eft l'équité

» naturelle) parce que c'est le propre de la
» Seigneurie publique d'être exercée par jus-
» tice, & non à discrétion ; & finalement les
» loix fondamentales de l'Etat, parce que le
» Prince doit user de la souveraineté selon
» sa propre nature & aux conditions qu'elle
» est établie ».

Le Roi viole-t-il ces sortes de loix, ou quelques-unes de ces loix que notre Juris-consulte appelle l'ame de la Monarchie ? La conscience des Magistrats, leur serment leur défendent d'obéir.

Le refus d'obéissance de leur part, bien loin d'être alors un acte d'autorité, est au contraire le plus pur hommage qu'ils puissent rendre à l'autorité du Souverain ; car c'est de l'autorité de nos Monarques qu'ils tiennent le droit de ne point obtempérer à leurs mandements de bouche ou par lettres, qui sont contraires aux loix du Royaume, ou aux regles de l'équité, sous peine d'être réputés désobéissants & infracteurs des Ordonnances (1). Aussi Bodin convient-il que la cons-

____

(1) Edit de Juin 1643, Déclaration du 7 Septembre 1632.

tance & la fermeté des Magiftrats *ont fouvent. fauvé l'honneur des Princes & retenu la République en fplendeur* (1).

Mais fi les loix dont le Souverain defire. l'enregiftrement ne font relatives qu'à l'économie politique, après que les Parlements lui en ont repréfenté les dangers, ils doivent, fi le Souverain perfévere dans fes réfolutions, garder le filence fur l'enregiftrement qui s'en fait d'autorité, ou fe borner à avertir le Souverain de l'utilité qu'il retireroit des confeils des Etats-Généraux, fi fa fageffe lui infpiroit de les convoquer ; & à ce fujet je ne puis me défendre de tranfcrire encore ici un morceau de la République, de Bodin.

« Si on me dit qu'il ne faut pas que le
» Prince commande rien qui foit inique, je
» le confeffe, & ne faut jamais, s'il eft poffi-
» ble, que le Prince commande rien qui foit
» fujet à repréhenfion, ni à calomnie : ou
» s'il connoît que fes Magiftrats foient de
» contraire avis, & qu'il faudra ufer de con-
» trainte en leur endroit. Car, par ce moyen,

____

(1) De la République, Liv. III, chap. 4.

K 3

» le Peuple ignorant est ému à désobéissance
» & à mépris des Edits & Ordonnances,
» comme étant publiés & reçus par force
» & impression. Mais il est question de sçavoir
» que doit faire le Magistrat, si le Prince con-
» trevenant à son devoir, commande quelque
» chose contre l'utilité publique & contre
» la justice civile, *pourvu qu'il n'y ait rien*
» *contre la loi de Dieu & de nature.* Et s'il
» est ainsi que le moindre Magistrat doit être
» obéi, ores qu'il commande chose inique,
» *ne Prætoris majestas contempta videatur,*
» comme dit la loi, combien plus doit-on
» obéir au Prince Souverain, de la majesté
» duquel dépendent tous les Magistrats ! . .
» . . . .
» Et qui est celui qui ne sçait qu'on a vu les
» Sujets s'armer contre le Prince Souverain,
» voyant la désobéissance & refus que fai-
» soient les Magistrats de vérifier & exécuter
» les Edits & Mandements ? Toutefois on
» crie : l'Edit est pernicieux au Public, nous
» ne pouvons, ni ne devons le vérifier, cela
» est bon à remontrer ; mais voyant le vouloir
» du Prince ferme & immuable, faut-il met-

» tre un Etat au hafard ? faut-il fe laiffer
» forcer ? Il feroit plus honnête de quitter
» l'état . & l'office. Mais y a-t-il chofe plus
» dangereufe , ni plus pernicieufe que la
» défobéiffance & mépris du Sujet envers le
» Souverain ? Nous conclurons donc qu'il
» vaut beaucoup mieux ployer fous la Ma-
» jefté Souveraine en toute obéiffance, que ,
» en refufant les Mandements du Souverain ,
» donner exemple de rebellion aux Su-
» jets (1) ».

---

(1) De la République, Liv. III , chap. 3.

CHAPITRE IV.

Du Peuple.

Les larmes me coulent des yeux en reprenant la plume ; les réflexions que m'a fournies le sujet que je vais traiter, les images vives & vraies que mon imagination m'a présentées, agitent tour-à-tour mon ame d'indignation & d'attendrissement.

Pauvre Peuple ! c'est vous qui sillonnez péniblement la terre, qui l'arrosez de sueurs, qui en tirez, à force de travail, les graines nourrissantes, que vous changez, par des manipulations laborieuses, en manne dont s'engraisse le riche, tandis que vous vous sustentez d'un pain amer, détrempé de larmes ! C'est vous qui cultivez ces montagnes, ces côteaux, d'où coulent dans nos villes des fleuves de nectar qui baignent les tables de l'opulence, satisfont sa sensualité, tandis qu'un insipide élément étanche l'ardeur de votre soif ! C'est vous qui élevez ces châteaux, ces palais, ces maisons com-

modes & magnifiques, où l'oifiveté fe couronne de fleurs, s'enivre de délices, tandis
qu'expofé à l'intempérie de l'air pendant le
jour, une cabane trifte & mal-faine vous
fert de retraite pendant la nuit! C'eft vous
qui fabriquez ces étoffes riches & précieufes
dont le fafte & la vanité fe parent, tandis
que des tiffus groffiers, des haillons couvrent à peine votre nudité! C'eft vous qui
effuyez les travaux pénibles de la navigation,
qui allez dans l'une & l'autre Inde chercher les raffinements de notre délicateffe & de
notre luxe, tandis que les douleurs & la mort
font fouvent les feuls fruits que vous en re-
tirez! C'eft vous qui foutenez les fatigues des
marches, des campements, des fieges, des
batailles, qui défendez la Patrie, qui cou-
ronnez de gloire les Héros, tandis que le
defpotifme de vos Chefs vous écrafe, l'indigence attend votre vieilleffe, ou le tombeau
engloutit votre jeuneffe! C'eft vous, en un
mot, qui produifez, qui entretenez le mouvement général de la fociété, qui en êtes les
refforts & l'ame, qui en portez tout le poids
fans aucun adouciffement!

Favoris des Rois, & vous, enfants de Plutus, vous voyez avec indifférence les gémissements de ce Peuple, vous les méprisez comme foibles & impuissants; mais le Très-Haut y est attentif: il ne fait acception de personne; il écoute les soupirs de l'opprimé; il ne méprise pas, comme vous, l'indigent & le pauvre, & il se prépare à les venger. Leurs larmes coulent sur leur visage, & de là sur la terre; mais elles remontent au trône de Dieu, & crient vengeance encore plus fort que le sang d'Abel. La priere du foible qui se prosterne devant lui, pénetre les nues; elle fait instance jusqu'à ce qu'elle ait obtenu ce qu'il demande; & le Seigneur ne différera pas à décharger sa colere sur les auteurs de ses maux.

Mais ces cris de l'humanité seront pris pour de vaines déclamations; le langage de l'opulence, & sur-tout celui des Cours, où sont en plus grand nombre les oppresseurs du Peuple, est qu'il faut endurcir cette espece d'hommes au travail, qu'il faut lui ôter tout motif d'ambition, & que ses desirs ne doivent point aller au-delà des premiers besoins : langage absurde & barbare, digne des siecles de tyrannie ; langage auquel il n'y a rien autre chose à répondre que le mot d'un Général Romain à son fils, qui lui offroit d'emporter une place en sacrifiant trois cents hommes : *Voudriez-vous être un de ces trois cents ?* Langage aussi faux qu'il est inhumain ; la misere n'entraîne que le murmure & le découragement, & par contre-coup la foiblesse & la paresse. Mais quand le Peuple est à son aise, il ne veut pas travailler : ce propos est dans toutes les bouches ; il n'en est pas moins l'expression de l'ignorance & de la dureté. Voyez la Suisse ; y a-t-il en Europe de Peuples plus heureux ? Y en a-t-il aussi de plus laborieux ? Voyez l'Espagne , parcourez ses landes, ses friches, ses plaines , ses côteaux incultes, & voyez ses villes, ses grands chemins assiégés de Mendiants qui vous demandent l'aumône avec arrogance.

Mais, sans sortir de la France, puisque je parle à des François , ne pourroit-on pas trouver ces exemples de conviction ? Y a-t-il dans ce Royaume des Paysans plus heureux, plus à leur aise que ceux des environs de la Capitale ? & cependant y a-t-il terrein

mieux cultivé & qui produise davantage que
le pré Saint-Gervais, que la Vallée de Mont-
morency, que les environs de Nanterre, que
les marais de Charenton, que les jardins de
Montreuil ?

Il est à craindre que le Peuple étant trop
à son aise, ne devienne arrogant, rebelle,
intraitable ; autre maxime de la tyrannie. Les
vautours qui déchirent ses entrailles, voudroient lui interdire toute plainte ! Henri IV,
ce grand Roi, dont le nom ne peut être
proféré sans attendrissement, avoit-il cette
politique ? lui qui vouloit que les Paysans
de son Royaume fussent assez riches pour
mettre la poule au pot le Dimanche ; il pen-
soit, avec raison, que jamais Gouvernement
ne fut plus sûr de l'obéissance de ses Sujets,
que celui qui, par la bienfaisance & l'amour,
s'est acquis les droits du pouvoir paternel.

Le Peuple n'est pas tel que vous le pei-
gnez, Vampires impitoyables qui vous en-
graissez de son sang ! Il est bon, il est humain, il est soumis à ses Maîtres. Ce qui le
révolte, l'aigrit, le rebute, c'est le désespoir
d'acquérir sans cesse, & de ne posséder jamais

rien; d'avoir toujours une tâche immenfe à remplir fans fe repofer; de voir le fruit de fes peines & de fes fueurs paffer dans vos mains, fes héritages engloutis par vos rapines & vos injuftices; fes plaintes fe perdre dans les airs, & chaque jour une pauvreté plus accablante fuccéder à celle fous laquelle il gémiffoit la veille.

Eft-ce donc à ces extrêmités que l'on doit réduire la portion la plus utile d'une Nation? Celle qui porte les charges, qui nous fuftente, qui eft le refuge de notre pareffe, le foutien de notre luxe, la fource de nos plaifirs, fes peines & fes fatigues ne méritent-elles donc qu'une extrême indigence?

Mais c'eft en vain que ma foible voix réclame en faveur du Peuple! Ses barbares oppreffeurs ne fe complaifent que dans fa défolation. Eh bien! tigres cruels, vos vœux font accomplis; fuivez-moi, vous allez jouir d'un fpectacle qui flattera votre brutalité. Jetez un moment les yeux fur nos campagnes : que voyez-vous? Des bourgs devenus villages, des villages réduits en hameaux, des héritages défolés, des granges entr'ouvertes, des chaumieres qui tombent en ruine ; que voyez-vous ? Un Peuple de mendiants, des visages pâles & défigurés, des enfants qui demandent du pain à leurs meres affamées, la misere traîner ses lambeaux dégoûtants ; que voyez-vous ? Des hommes, vos Concitoyens, refuser d'être peres, parce que la famine viendroit saisir au berceau le fruit de leur amour ; que voyez-vous enfin ? vos freres, la rage dans le cœur, le défespoir à la bouche, blafphémer contre la Providence.

Ce tableau n'eft point d'imagination ; j'ai été témoin moi-même des calamités que je viens de décrire ; plufieurs Provinces offroient ce fpectacle déchirant, il y a quelques années. Mais la plaie n'eft pas encore fermée, & déjà ces maux font oubliés ; peut-être dans le temps les a-t-on regardés comme exagérés, ou même ne les a-t-on pas cru du tout. Le moyen en effet de s'imaginer à la Cour & dans la Capitale, que les campagnes fe dépeuplent, lorfque Paris & Verfailles regorgent d'Habitants ; que la fource des richeffes fe tarit dans les provinces, lorfque l'or coule à grands flots des coffres-forts chez les artiftes de luxe ;

que le Peuple eft fans pain & boit de l'eau ,
lorfque les liqueurs des Ifles & des mets
exquis couvrent les tables !

Tel eft l'endurciffement de l'opulence ;
ce qui devroit lui deffiller les yeux , ne fert
qu'à augmenter fon aveuglement. Cependant
y a-t-il des vérités plus évidentes & plus pal-
pables que celles-ci? Les campagnes fe dépeuplent, parce qu'il faut à Paris, & dans toutes
les grandes villes, des armées de laquais,
d'artiftes de luxe & d'hiftrions : les provinces
font fans argent, parce que la pente que
néceffite l'ordre établi, entraîne tout l'or dans
la Capitale, fans lui laiffer d'iffues pour en
fortir : le Peuple eft dans la mifere, parce qu'il
n'a point de propriété, qu'il vit fur fes bras,
& que le falaire que lui donne l'avarice des
riches, ne fuffit pas pour le nourrir & payer
les impôts.

La mendicité augmente tous les jours ; &
dans le fyftême actuel, bientôt tous les Citoyens
fans propriétés y feront réduits, c'eft-à-dire
plus de la moitié de la Nation : les fortunes
s'accumulent fur un petit nombre de têtes
privilégiées : les grands Propriétaires, les gros

Bénéficiers abandonnent les provinces, pour aller répandre leurs revenus dans les coulisses, les ruelles & les tripots de Paris : les Courtisans forment tous les jours de nouvelles demandes, obtiennent des pensions, des gratifications, des augmentations de gages : les Financiers étendent l'impôt, multiplient les exactions, pressurent le Peuple : & tous se réunissent entr'eux, comme les animaux carnaciers dans un bois, contre le foible gibier, pour former des entreprises, exercer des concussions, des usures, des monopoles, tromper & dépouiller le malheureux.

Ne semble-t-il pas que la Nation soit divisée ? qu'il y ait une ligue de deux cents familles, peut-être moins, contre dix-huit millions d'hommes ; & que ceux-ci regardent ceux-là comme un vil troupeau, dont ils peuvent impunément enlever la laine, sucer le sang, dévorer la chair & broyer les os ? Le désespoir du Peuple, le cri général des honnêtes gens, les moyens que l'on propose tous les jours pour arrêter ces maux, n'en prouvent-ils pas la réalité ?

Mais quels remedes apporter à ces calamités ?

mités ? Il en eft, ils font fenfibles, il ne s'agit que de les mettre en ufage. Le patriotifme & l'humanité applaudiffent déjà aux vues fages du Gouvernement ; le plan qu'il commence à mettre en exécution, eft bien propre à délivrer le Royaume de fes plus cruels oppreffeurs. Faffe le Ciel que les Croupiers de la finance, les Intriguants de la Cour, & les frippons de tous les ordres, n'arrêtent point fes fages projets !

En effet les Adminiftrations provinciales préfagent la chûte du coloffe de la Ferme ; cette machine infernale n'écrafera plus les Peuples ; les foixante pompes qui font à fa tête ne fe rempliront plus tous les ans du fang innocent ; elle n'étendra plus fes bras dans les campagnes pour exercer fes brigandages & opprimer le pauvre ; les Grands ne fe laifferont plus corrompre par les exemples des Publicains, & ne prendront plus part à leurs infames profits ; les revenus de l'Etat ne circuleront plus de caiffe en caiffe, de recette en recette, pour fubir une diminution de moitié avant d'arriver dans les coffres du maître ; la perception des impôts fera plus

L

simple, ne sera point tyrannique, sera beaucoup moins dispendieuse; en un mot, le Roi sera plus riche & le Peuple sera soulagé.

Si les riches Propriétaires, tant de l'Eglise que de la Robe & de l'Epée, habitoient les provinces, se répandoient dans leurs terres, quel soulagement encore n'en ressentiroit pas le Peuple! Leurs revenus n'iroient pas se perdre dans le gouffre de la Capitale! Ils se dépenseroient en grande partie sur les lieux, y répandroient l'abondance, y feroient vivre le manœuvre & le journalier. Dans les disettes & les épidémies qui en sont toujours la suite, le Seigneur soulageroit ses vassaux: de près, le tableau de leur misere le toucheroit; au lieu qu'étant éloigné, n'entendant pas leurs gémissements, ne voyant pas leurs angoisses, il y est insensible.

Mais ces vœux sont superflus; la folie d'habiter Paris s'est emparée de toutes les têtes. C'est le séjour des plaisirs & du crédit: tel est le calcul du libertinage & de l'avidité. Aussi cette théorie insensée n'est-elle que trop mise en pratique. De toutes nos provinces, je ne vois, pour ainsi dire, que la Normandie, &

sur-tout la baſſe, qui ſe ſoit garantie de cette contagion.

Les grands Propriétaires, au moins les Laïques, y habitent leurs terres, ils y ſont les protecteurs & les peres de leurs vaſſaux. A la vérité ils n'y jouiſſent pas du plaiſir piquant d'entretenir des filles d'Opéra, & d'admettre des Comédiens dans leur familiarité; mais ils y ont la jouiſſance des belles ames, celle de faire des heureux. Leur crédit ne s'étend pas non plus juſqu'à avoir des intérêts dans les fermes, des penſions ſur les loteries, des actions ſur les grandes entrepriſes, mais le luxe & la volupté n'abſorbent pas leur patrimoine. L'honneur & la bienfaiſance ſont leurs vertus; & ils craignent, avec raiſon, que l'air corrompu de la Capitale ne les leur enleve.

Au reſte pourſuivons les moyens de ſoulager le Peuple. Bodin va nous en propoſer un autre, & l'énergie de ſon vieux ſtyle lui donnera du poids. « Ceux-là s'abuſent bien » fort qui vont louant & adorant la bonté d'un » Prince doux, gracieux, courtois & ſimple: » car telle ſimplicité ſans prudence, eſt très-

» dangereuse & pernicieuse en un Roi, &
» beaucoup plus à craindre que la cruauté
» d'un Prince sévere, chagrin, revêche,
» avare & inaccessible ; & semble que nos peres
» anciens n'ont pas dit ce proverbe sans cause,
» *de méchant homme bon Roi ;* qui peut sem-
» bler étrange aux oreilles délicates, & qui
» n'ont pas accoutumé de poiser à la balance
» les raisons de part & d'autre. Par la souf-
» france & simplicité d'un Prince trop bon,
» il advient que les flatteurs, couratiers, &
» les plus méchants emportent les offices,
» les charges, les bénéfices, les dons, épui-
» sant les finances d'un Etat : & par ce moyen
» le pauvre Peuple est rongé jusqu'aux os,
» & cruellement asservi aux plus grands, de
» sorte que pour un tyran il y en a dix mille.
» Aussi advient-il de cette bonté par trop
» grande, une impunité des méchants, des
» meurtriers, des concussionnaires ; car le
» Roi, si bon & si libéral, n'oseroit refuser
» une grace. Bref, sous un tel Prince le bien
» public est tourné en particulier, & toutes
» les charges tombent sur le pauvre Peuple ;
» comme on voit les catarres & les fluxions

» en un corps fluet & maladif, tomber tou-
» jours fur les parties plus foibles.

„ On peut vérifier ce que j'ai dit par trop
» d'exemples, tant des Grecs que des Latins ;
» mais je ne chercherai point autre part qu'en
» ce Royaume, qui a été le plus miférable
» qui fut onques, fous le regne de Charles,
» furnommé le Simple, & d'un Charles
» Fainéant. On l'a vu auffi grand, riche &
» floriffant en armes & en loix, fur la fin de
» François Ier, lorfqu'il devint chagrin & inac-
» ceffible, & que perfonne n'ofoit approcher
» de lui pour rien lui demander ; alors les
» états, offices & bénéfices n'étoient donnés
» qu'au mérite des gens d'honneur, & les
» dons tellement retranchés, qu'il fe trouva
» en l'épargne quand il mourut, un million
» d'or & fept cents mille écus.

„ On a vu depuis, en douze ans que régna
» le Roi Henri fecond, (la bonté duquel
» étoit fi grande qu'il n'en fut onques de pa-
» reille en Prince de fon âge) l'Etat pref-
» que tout changé. Car comme il étoit doux,
» gracieux & débonnaire, auffi ne pouvoit-il
» rien refufer à perfonne ; ainfi les finances

L 3

» du pere en peu de mois étant épuifées, on
» mit plus que jamais les états en vente, &
» les bénéfices donnés fans refpect, les Ma-
» giftrats aux plus offrants, & par conféquent
» aux plus indignes : les impôts plus grands
» qu'ils ne furent onques auparavant ; & néan-
» moins quand il mourut, l'état des finances
» de France fe trouva chargé de quarante &
» deux millions..... Si la douceur de ce
» grand Roi eut été accompagnée de févérité,
» fa bonté mêlée avec la rigueur, fa facilité
» avec l'auftérité, on n'eût pas fi aifément
» tiré de lui tout ce qu'on vouloit ».

Je ne me permettrai aucune réflexion fur ce texte ; tout le monde doit faifir facilement la folidité des maximes qui y font répandues : heureux & trois fois heureux font les Peuples dont les Rois les mettent en pratique !

Enfin un dernier moyen de foulager le Peuple, c'eft de divifer les poffeffions ; tandis qu'elles refteront accumulées fur quelques têtes, que les grandes terres & les charges lucratives feront entre les mains de quelques familles, le Peuple fera toujours expofé à la

misere. Un dérangement de saison, une manœuvre de frippons, c'est-à-dire une disette ou
un monopole, dont l'objet sera les denrées de
premiere nécessité, suffiront pour l'y réduire;
la raison en est simple, c'est que son salaire
n'augmente pas en même temps & dans la
même proportion que le prix des denrées.
Une funeste expérience n'a que trop prouvé
depuis 1770 jusqu'à 1775 la justesse de ce
calcul. Cependant j'entends dire tous les
jours, même par des gens qui passent pour
humains & honnêtes, que le bled est à trop
bon marché, que les fermiers se ruinent, & qu'il
faudra désormais donner les terres pour rien.
Mais sont-ce les fermiers qui font les malheureux des campagnes? Ne sont-ce pas les
manœuvres, les journaliers, ceux qui vivent
d'un salaire diurne? Les fermiers, sur-tout
les gros, sont les tyrans de ces mercenaires,
ils leur font la loi, & paient au plus bas prix
qu'ils peuvent leurs peines & leurs sueurs:
tout le monde peut vivre & se tirer au prix
où sont actuellement les denrées; je le tiens
des fermiers mêmes.

Il est donc nécessaire de diviser les fortunes,

de les partager avec le Peuple. Mais vous allez, sans doute, bouleverser la société, dépouiller les riches, faire un nouveau partage des terres? Non. Le riche peut se reposer tranquillement sur ses trésors, il peut même espérer des moissons plus abondantes. Je vais lui proposer une loi agraire, qui en faisant participer le pauvre à ses richesses, augmentera ses revenus.

Plus une terre est cultivée, plus elle rapporte; plus il y a de bras pour la remuer, mieux elle est cultivée. Riches, divisez donc vos domaines à plusieurs fermiers; ne donnez point dans cette fausse spéculation, moins j'aurai de fermes sur une terre, moins j'aurai d'hommes à nourrir, & par conséquent plus il en rentrera dans mes coffres : un seul gros fermier vous coûtera plus que deux, plus même que quatre; soit parce qu'il ne se contentera pas de profits médiocres, soit parce qu'il ne tirera pas de votre terre tout ce qu'elle pourroit produire. J'ai vu les revenus des terres doubler & tripler par cette division : & ce qui est consolant pour l'humanité, c'est que dix familles vivent où il n'y en avoit qu'une.

Mais la plupart des Habitants de la campagne, les journaliers des bourgs & des petites villes ne font pas en état de faire valoir des fermes : il faut des avances pour pareilles entreprifes. Sans compter les harnois & les autres uftenfiles néceffaires à la culture, il faut des chevaux & des beftiaux. 'A la bonne heure ; il faut avoir recours à une autre divifion des terres pour cette claffe de la fociété, la plus nombreufe fans doute.

Partagez vos domaines en dix, quinze, vingt portions ; donnez à moitié chacune de ces parties aux peres des malheureux enfants qui affiegent tous les jours vos portes, que vous rencontrez dans les rues, fur les places publiques, dans les grands chemins. Des bras & des bêches leur fuffiront pour faire valoir vos poffeffions, pour en tirer leur fubfiftance, pour vous enrichir ; & vous jouirez de la glorieufe fatisfaction d'être les peres & les confervateurs de vingt familles. Par-tout où cette méthode eft en ufage, il y a moins de malheureux & de mendiants ; & il feroit facile de l'étendre dans tout le Royaume.

Hafarderai-je encore un moyen de divifer

les poffeffions, d'y faire participer les pauvres? Pourquoi non? Le falut du Peuple eft
la loi fuprême. Les terres changent de temps
en temps de Propriétaires, elles ne font pas
toujours dans les mêmes familles, les grands
Seigneurs font obligés quelquefois, foit par
inconduite, foit par infortune, de fe dé-
faire de leurs grands domaines : il n'eft pas
rare de voir une Baronnie, un Marquifat,
un Duché en vente. Alors le Gouvernement
a entre les mains un moyen fûr de divifer les
poffeffions ; qu'il faffe démembrer ces grandes
terres, ce font des coloffes qui écrafent tout
ce qui eft autour d'eux ; qu'il empêche qu'une
terre de fix, de dix clochers ne paffe entre
les mains d'un même acquéreur ; qu'il faffe
une loi pour que ces grandes poffeffions,
lorfqu'elles feront en vente, foient morce-
lées en fix, huit & dix portions. Le Peuple
y gagnera, parce qu'au lieu d'un receveur
il en faudra dix, au lieu d'un fermier il en
faudra autant que de fermes, & par conféquent plus de laboureurs, plus de char-
retiers, plus de bergers, plus de batteurs,
plus de domeftiques, plus de manouvriers :

le vendeur y gagnera auſſi, parce qu'un arpent de terre ſe vend plus en proportion que dix enſemble, parce que dix petites bourſes ſe trouvent plutôt que l'équivalent dans une, parce qu'il y aura plus de concours dans les acquéreurs : le Gouvernement y gagnera encore, parce qu'il tirera plus de ſubſides, plus d'impôts de vingt Particuliers que d'un ſeul qui poſſéderoit tous leurs biens, parce que la population y gagnera, parce que le Peuple y gagnera.

LIVRE IV.

De l'Harmonie intérieure de la Monarchie.

CHAPITRE PREMIER.

De la Religion.

LA Religion que professe l'Europe est sans doute le plus beau présent que le Ciel ait fait à la terre. Sans parler des biens éternels & spirituels qu'elle y a apportés, & qui ne sont pas de mon sujet, quels avantages l'humanité & la politique n'en ont-elles pas retirées !

Le Christianisme, en faisant tomber les Idoles, a fait disparoître ces sacrifices abominables, qui souilloient de sang humain les autels des Dieux. Tous les Peuples anciens, les Tyriens, les Grecs, les Carthaginois, les

Celtes, les Scytes, les Romains mêmes offroient à leurs Divinités des victimes humaines. Le Paganisme, sur son déclin, sembloit,
à la vérité, avoir éloigné de ses Temples cette
superstition barbare, mais elle se reproduisoit
d'une maniere plus funeste encore dans les
places publiques, dans les Amphithéâtres,
dans ces Spectacles autorisés par la Religion,
où le Peuple se divertissoit à voir couler le
sang des Gladiateurs : sacrifices d'autant plus
impies, qu'ils étoient offerts à la brutalité des
hommes, & non à ce qui avoit un caractere
public de divinité.

Ces abominations & ces horreurs se sont
retrouvées par-tout où le Christianisme n'avoit
point percé. Dans toute l'Amérique, le cou-
teau cruel du Prêtre a immolé l'homme à ses
Dieux. A Madagascar, dans l'intérieur de
l'Afrique, dans plusieurs régions de l'Asie,
les victimes humaines ont couvert les autels.
Il y a encore, nous disent les Voyageurs, des
dévots dans l'Inde qui, par superstition, se
précipitent sous les roues des chars qui, aux
jours de solemnités, conduisent les Pagodes
dans les rues. Cette contagion s'est donc

répandue dans l'Univers entier ! c'eſt une ſouillure dont toutes les Religions ont été atteintes, excepté la Juive.

Qui a délivré le monde de ce fléau ? L'Evangile ; c'eſt lui qui a éclairé les hommes ſur le culte dû à la Divinité, qui leur a appris que Dieu n'eſt pas un tyran qui s'abreuve du ſang des malheureux mortels, qu'il ne demande que des ſacrifices intérieurs, l'hommage de nos cœurs.

C'eſt auſſi le Chriſtianiſme qui a anéanti un autre abus non moins déplorable. Il ne conſiſtoit point, il eſt vrai, à porter le fer & le feu dans les entrailles des victimes humaines ; mais il aviliſſoit l'homme, le réduiſoit à l'état d'un animal de ſervice, d'une bête de ſomme. Je veux parler de l'eſclavage, fléau que réprouvent également la raiſon & l'humanité.

De tous les êtres, le plus avili, le plus malheureux, ſans contredit, c'eſt l'homme eſclave. La pitié eſt le ſeul ſentiment que lui réſerve l'homme libre. Pour en avoir une juſte idée, conſidérons les effets de la ſervitude dans ces infortunés que les Européens, polis, éclairés, philosophes comme ils sont, vont chercher sur les côtes de l'Afrique, pour les mettre dans les fers.

Le malheur avilit l'homme, l'excès du malheur l'abrutit. D'abord le Negre que l'avide Marchand met sur son vaisseau, ne sent que le coup terrible du sort qui le lui a livré pieds & poings liés ; mais ce sentiment si vif au commencement, qu'il se montre avec tout l'appareil des convulsions & de la rage, s'émousse peu-à-peu, il fait place à une sensation sourde, à la stupidité qui lui dérobe le sentiment de ses maux ; & comme il ne tenoit à l'humanité que par eux, il perd avec la sensibilité le monument de ses droits. Aussi transplanté en Amérique, n'est-il plus qu'une force languissante, appliquée à faux, sans énergie & sans courage ! il faut des chaînes, des fouets, des tortures pour le faire agir, comme il en faut pour faire travailler les bœufs & les chevaux, dont il tient la place. Ce n'est plus qu'une puissance sans instinct, qui perd toute son activité en perdant l'espoir du bien-être. Dans cet état, le cœur arraché aux objets qui auroient pu

le réveiller, meurt à tout, même aux de-
firs : & la fenfibilité émouffée par le malheur,
anéantie par l'impuiffance, perd fes aiguillons & précipite l'homme au fond de l'abrutiffement.

De là vient que l'efclave ne nous paroît
plus qu'un être placé au-deffous de nous,
une efpece fort inférieure à notre nature ;
notre ame répugne à s'y affimiler, elle s'en
fépare avec horreur ; pour l'efclave, nous
imaginons un autre ordre de chofes, d'autres
principes, un autre code enfin, qui n'eft
puifé, ni dans la nature, ni dans le cœur de
l'homme.

Je me borne à cette preuve de fentiment ;
& fans parler des autres outrages faits au
Ciel, à l'humanité, à la juftice, je demande
fi c'eft un mal dans l'ordre moral, de réduire
l'homme à cet état d'aviliffement, de dégra-
dation, d'abrutiffement ? Or fi c'eft un mal,
& un très-grand mal, l'efclavage eft donc
un défordre affreux dans la fociété ! & détourner cette calamité de la tête des hommes,
c'eft acquérir des droits bien fondés à leur
reconnoiffance.

La

Le Chriftianifme a produit ce bien , c'eft lui qui a éloigné la fervitude au moins des confins de l'Europe. L'efclavage a infenfi-blement difparu du milieu des Nations qui l'habitent , depuis la plantation de la Foi.

Cet affranchiffement temporel convient bien à l'efprit d'une Religion qui rend les hommes à la liberté des enfants de Dieu. C'eft un effet néceffaire de fon établiffement: la douceur & l'équité qu'elle infinue dans les ames , éloigne l'inhumanité & la barbarie. Elle annonce indiftinctement à tous qu'ils font freres ; & fes préceptes , fes cérémonies facrées, les récompenfes qu'elle leur propofe, tendent perpétuellement à ramener parmi eux l'égalité : la tyrannie & le defpotifme doivent donc en être bannis, les noms odieux d'efclave & de maître ne doivent donc point s'y faire entendre !

Un autre défordre généralement répandu fous le regne de l'idolâtrie, crime d'autant plus aviliffant, que la nature en a horreur; débauche infame qu'aucune loi ancienne ne réprimoit , & que les nôtres puniffent du feu; qui eft fi commune en Orient; que

M

l'on a trouvé répandue chez les Peuples du nouveau monde ; qu'affichoient les grands hommes de la Grece & de Rome, les Alcibiade, les Solon, les César , les Trajan ; dont Socrate même, le sage Socrate, s'attira le soupçon ; à qui enfin un Empereur Romain des moins décriés, Adrien , fit ériger un Temple en Egypte : ce crime abominable a été flétri par le Christianisme. Si sa morale pure & sainte ne l'a pas totalement exclu de l'Europe , au moins d'après elle, ceux qui s'en trouvent coupables sont-ils regardés & punis comme des monstres infames.

L'infanticide, autre crime qui fait frémir la nature ; que Romulus autorisoit par ses loix ; dont Sparte faisoit un devoir à ses Citoyens ; qu'une politique barbare avoit introduit chez un grand nombre de Peuples ; que la Chine souffre encore aujourd'hui, malgré ses loix, sa police, son antiquité ; ce désordre , dis-je, a disparu des contrées où l'Evangile a été reçu.

Ainsi, à proportion que la Religion Chrétienne s'est répandue, ces horreurs se font évanouies ; & comme l'on voit les vapeurs de la nuit céder aux influences du foleil, fe diffiper à mefure que ce bienfaiteur de la nature s'approche de nos têtes ; de même à mefure que l'Evangile a éclairé nos peres, toutes ces abominations, confacrées par la fuperftition & les ténebres de la raifon, ont difparu de l'Europe.

Mais voyons plus en grand les effets du Chriftianifme dans la fociété. Cette Religion, en réglant l'intérieur de l'homme, en formant de vrais adorateurs à la Divinité, en enfantant des Citoyens pour le Ciel, travaille en même temps au bonheur de la terre. C'étoit en vain qu'avant elle, la fiere raifon de l'homme, les maximes des fages, les loix mêmes avoient voulu perfectionner les fociétés civiles ; l'ouvrage étoit toujours refté incomplet. La coignée n'alloit pas jufqu'à la racine de l'arbre : quelques crimes extérieurs & groffiers étoient réprimés ; on arrêtoit la main, mais le cœur étoit abandonné à la fougue de fes penchants. La Religion Chrétienne paroît : elle enveloppe dans le même anathême toutes les paffions ;

elle déclare aux hommes étonnés, qu'elle est aussi jalouse des desirs & des pensées, que des actions ; elle les enlace, non par quelques fils, mais par un nombre infini de chaînes ; elle laisse derriere elle leur justice comme insuffisante, & leur en propose une autre plus étendue ; elle accable le crime par les remords & la présence d'un Juge inflexible ; elle encourage la vertu par l'onction intérieure & les récompenses d'un pere magnifique.

Sa législation ne se borne pas aux rites & au culte : elle trace les devoirs des Sujets & des Rois ; elle réunit dans ses loix toutes les obligations qui lient les hommes entr'eux dans la même société. Elle leur apprend par des principes clairs & invariables, à rendre à chacun ce qui lui est dû, l'honneur à qui appartient l'honneur, le tribut à qui appartient le tribut : par elle, les Peuples sont fideles aux Souverains, obéissants aux Magistrats, respectueux envers les Grands.

Dès son origine, ces maximes étoient pratiquées par ses Sectateurs. Un de ses Apologistes prouvoit par-là qu'elle étoit le plus ferme appui des Empires. C'eſt, diſoit Tertullien au Sénat de Rome, cette Religion qui nous apprend à faire tous les jours des vœux pour la proſpérité des Empereurs, lors même qu'ils nous perſécutent; c'eſt elle qui nous apprend à ſervir dans vos armées avec un courage qui vous arrache l'aveu de notre bravoure & de notre fidélité; c'eſt elle qui nous apprend à payer exactement les impôts publics, & qui force vos Receveurs à rendre témoignage à notre généreux déſintéreſſement.

Elle enſeigne auſſi aux Rois à gouverner ſagement: c'eſt elle qui leur preſcrit le juſte milieu qu'ils doivent tenir entre le deſpotiſme & l'anarchie; qui leur crie ſans ceſſe que leurs Sujets ne ſont pas un vil troupeau, mais des hommes ſemblables à eux; qu'ils doivent reſpecter la vie, l'honneur, la liberté, les propriétés des Citoyens & les maintenir; qu'ils doivent être les protecteurs du foible & du pauvre, de la veuve & de l'orphelin; c'eſt elle qui leur enſeigne à être plus jaloux du bonheur des hommes, que d'un fantôme de pouvoir; à être les peres de leur Peuple,

& non à en être les tyrans; à gouverner leurs Sujets, moins par la rigueur des loix, que par la bienfaisance & l'exemple : c'est elle qui leur enseigne qu'ils ne sont que les Ministres de la Providence, qu'il est un Maître au-dessus d'eux, qui juge leurs actions & qui se réserve la vengeance de leurs crimes.

C'est elle, en un mot, qui apprend à tous à vivre en paix, à ne pas se nuire, à laisser à chacun le sien, & à observer dans leur commerce mutuel la concorde & la bonne foi. N'est-ce pas là l'abrégé du bonheur du monde ? Aussi une société formée sur les principes du Christianisme, seroit-elle la plus parfaite que l'on puisse imaginer. Les hommes qui la composeroient se regardant tous comme enfants du même Dieu, se traiteroient comme freres; les Chefs seroient justes & modérés; les Magistrats integres & incorruptibles; les Guerriers courageux & intrépides; les Peuples obéissants & soumis aux loix. La cupidité, l'orgueil, l'ambition, l'injustice en seroient bannis; tout seroit dans l'ordre, & l'harmonie la plus parfaite y régneroit.

Mais c'est cette perfection même qu'attaquent les ennemis du Christianisme : ils prétendent qu'une société de vrais Chrétiens ne pourroit pas subsister; qu'étant en concurrence avec d'autres, elle ne seroit ni la plus forte, ni la plus durable ; qu'à force d'être parfaite, elle manqueroit de liaisons ; que son vice destructeur seroit dans sa perfection même : c'est ainsi qu'après Bayle, raisonne Rousseau de Geneve.

« Le Christianisme, dit-il, est une Re-
» ligion toute spirituelle, occupée unique-
» ment des choses du Ciel : la Patrie du
» Chrétien n'est pas de ce monde. Il fait
» son devoir, il est vrai, mais il le fait avec
» une profonde indifférence sur le bon ou
» le mauvais succès de ses soins. Pourvu
» qu'il n'ait rien à se reprocher, peu lui
» importe que tout aille bien ou mal ici-
» bas. Si l'Etat est florissant, à-peine ose-t-il
» jouir de la félicité publique, il craint de
» s'enorgueillir de la gloire de son pays ;
» si l'Etat dépérit, il bénit la main de Dieu
» qui s'appesantit sur son Peuple ».

Le faux de ce raisonnement consiste à

dépouiller le Chrétien des sentiments naturels, à supposer insidieusement qu'il ne
doit agir que par des vues purement surna-
turelles & célestes. La Religion ne détruit
pas la nature, elle la dirige au contraire &
la fortifie. Ainsi bien loin d'être indifférent
sur le bon ou le mauvais succès de ses soins,
bien loin d'être peu touché que tout aille
mal ici-bas, le Chrétien gémira de la ma-
lice des hommes, & fera tous ses efforts, s'il
est en place, pour arrêter le mal. Reconnois-
sant une Providence, il la bénira des succès
de sa Patrie, & trouvera qu'il est beau de
s'enorgueillir de sa gloire ; soumis à ses décrets, il ne déplorera pas moins les désastres
de l'Etat, qui sont toujours l'ouvrage de
l'homme, & non celui de Dieu. Il ne
tournera point, à la vérité, son courage
contre lui-même, comme fit ce Romain qui
ne voulut pas survivre à la liberté de sa
Patrie ; mais, plus généreux que lui, il vivra
pour s'opposer à de plus grands maux.

« Pour que la société fût paisible, continue
» Rousseau, & que l'harmonie se maintînt,
» il faudroit que tous les Citoyens sans ex-

» ception fuſſent également bons Chrétiens ;
» mais ſi malheureuſement il s'y trouve un
» ſeul ambitieux, un ſeul hypocrite, un
» Catilina, par exemple, un Cromwel, celui-
» là très-certainement aura bon marché de
» ſes pieux Compatriotes. La charité chré-
» tienne ne permet pas aiſément de penſer
» mal de ſon prochain. Dès qu'il aura trouvé
» par quelque ruſe l'art de leur en impoſer
» & de s'emparer d'une partie de l'autorité
» publique, voilà un homme conſtitué en
» dignité ; Dieu veut qu'on le reſpecte : bien-
» tôt voilà une puiſſance, Dieu veut qu'on
» lui obéiſſe. Le dépoſitaire de cette puiſſance
» en abuſe-t-il ; c'eſt la verge dont Dieu
» punit ſes enfants. On ſe feroit conſcience
» de chaſſer l'uſurpateur ; il faudroit troubler
» le repos public, uſer de violence, verſer
» du ſang : tout cela s'accorde mal avec la
» douceur du Chrétien ; & après tout, qu'im-
» porte qu'on ſoit libre ou ſerf dans cette
» vallée de larmes ? L'eſſentiel eſt d'aller en
» Paradis, & la réſignation n'eſt qu'un moyen
» de plus pour cela ».

La charité, la douceur, l'amour de la paix

ne font pas les feules vertus des Chrétiens ; ils les ont toutes. Le zele du bien public, l'amour de la juftice, l'attachement à leurs maîtres légitimes en font, dans le befoin, des héros intrépides, les vengeurs du crime, les foutiens du Trône. Qu'un Catilina, qu'un Cromwel fe préfentent, ils feront jugés fur leurs actions ; qu'ils s'emparent de l'autorité publique, ils feront punis comme ufurpateurs. Le Chrétien fçait qu'il faut de grands remedes à de grands maux, & que le fang des coupables eft un facrifice d'agréable odeur à Dieu, lorfque le bien public le demande. Il lui importe donc d'être libre plutôt que ferf dans cette vallée de larmes, parce que perfonne ne connoît mieux que lui la dignité de l'homme & fes droits. L'effentiel pour lui eft bien d'aller au Ciel fa Patrie, mais il fçait que l'infenfibilité & l'imbécillité ne font pas des moyens pour l'acquérir.

« Survient-il quelque guerre étrangere, » pourfuit l'Auteur du Contrat Social, les » Citoyens marchent fans peine au combat : » nul d'entr'eux ne fonge à fuir ; ils font leur » devoir, mais fans paffion pour la victoire ;

» ils sçavent plutôt mourir que vaincre. Qu'ils
» soient vainqueurs ou vaincus, qu'importe ?
» La Providence ne sçait-elle pas mieux qu'eux
» ce qui leur faut ? Qu'on imagine quel parti
» un ennemi fier, impétueux, passionné,
» peut tirer de leur stoïcisme ! Mettez vis-à-
» vis d'eux ces Peuples généreux que dévo-
» roit l'ardent amour de la gloire & de la
» Patrie, supposez votre République chré-
» tienne vis-à-vis de Sparte ou de Rome ;
» les pieux Chrétiens seront battus, écrasés,
» détruits, avant d'avoir eu le temps de se
» reconnoître, ou ne devront leur salut qu'au
» mépris que leur ennemi concevra pour
» eux. C'étoit un beau serment à mon gré
» que celui des Soldats de Fabius ; ils ne
» jurerent pas de mourir ou de vaincre, ils
» jurerent de revenir vainqueurs, & tinrent
» leur serment : jamais des Chrétiens n'en
» eussent fait de pareil ; ils auroient cru ten-
» ter Dieu ».

Il faut bien avoir la fureur du paradoxe,
pour oser faire l'apologie d'un serment téméraire : mais est-ce leur serment ou la Providence qui rendit victorieux les Soldats de

Fabius? Et le même arbitre des combats n'auroit-il pas pu les faire succomber? Non, ce n'est ni l'un, ni l'autre, dira notre Sophiste, c'est leur courage ; mais le courage décide-t-il toujours du sort des batailles? Les Romains en manquoient-ils à la bataille de Cannes? Des Chrétiens ne feront pas certainement le même serment, parce qu'ils sont plus éclairés que les Soldats de Fabius ; mais ils vaincront comme eux. Pourquoi n'auroient-ils pas la passion de la victoire ? Ils sentent très-bien les droits de la défense naturelle ; plus ils croient devoir à Dieu, plus ils jugent devoir à la Patrie, & l'amour de la Patrie peut faire encore mieux un héros d'un Chrétien que d'un ancien Romain.

« Mais, reprend le Citoyen de Geneve,
» je me trompe en disant une République
» chrétienne ; chacun de ces deux mots
» exclut l'autre : le Christianisme ne prêche
» que servitude & dépendance. Son esprit est
» trop favorable à la tyrannie, pour qu'elle
» n'en profite pas toujours. Les vrais Chré-
» tiens sont faits pour être esclaves ; ils le

» fçavent & ne s'en émeuvent guere ; cette
» courte vie a trop peu de prix à leurs
» yeux (1) ».

Je ne répondrai pas moi-même à cette derniere calomnie. Je vais faire parler un génie fupérieur qui n'a pas méconnu, comme M. Rouffeau, l'efprit de fa Religion.

« La douceur, nous dit M. de Montef-
» quieu, étant fi recommandée dans l'Evan-
» gile , s'oppofe à la colere defpotique avec
» laquelle le Prince feroit juftice & exerceroit
» fes cruautés.... Pendant que les Princes
» Mahométans donnent fans ceffe la mort &
» la reçoivent, la Religion chez les Chré-
» tiens rend les Princes moins timides, &
» par conféquent moins cruels. Le Prince
» compte fur fes Sujets, & les Sujets fur
» leur Prince. . . . .
» . . . .
» C'eft la Religion Chrétienne, qui, malgré
» la grandeur de l'empire & le vice du climat,
» a empêché le defpotifme de s'établir en

____

(1) Ce fophifme & les précédens font tirés du Contrat Social , chap. 8.

» Ethiopie, & a porté au milieu de l'Afrique
» les mœurs de l'Europe & ses loix.

» Que l'on se mette devant les yeux les
» massacres continuels des Rois & des Chefs
» Grecs & Romains, & de l'autre la des-
» truction des Peuples & des villes par ces
» mêmes Chefs, Thimur & Gengiskan,
» qui ont dévasté l'Asie, nous verrons que
» nous devons au Christianisme, & dans le
» Gouvernement, un certain droit politique,
» & dans la guerre, un certain droit des gens
» que la nature humaine ne sçauroit assez
» reconnoître (1) ».

Le Président de Bordeaux avoit dit dans
le Chapitre précédent : « Quand il seroit
» inutile que les Sujets eussent une Religion,
» il ne le seroit pas que les Princes en eus-
» sent, & qu'ils blanchissent d'écume le seul
» frein que ceux qui ne craignent pas les
» loix humaines puissent avoir. Un Prince
» qui aime la Religion & qui la craint, est
» un lion qui cede à la main qui le flatte, ou
» à la voix qui l'appaise ; celui qui craint la

____

(1) Esprit des Loix, Liv. XXIV, chap. 3.

» Religion & qui la hait, est comme les
» bêtes sauvages qui mordent la chaîne qui
» les empêche de se jeter sur ceux qui paf-
» sent ; celui qui n'a point du tout de Reli-
» gion, est cet animal terrible qui ne sent
» la liberté que lorsqu'il déchire & qu'il
» dévore ».

Bayle, Rousseau de Geneve, Voltaire
ont fait tout au monde pour décrier la Religion Chrétienne, & malheureusement leurs
leçons impies n'ont fait que trop de profélytes.
On rencontre à chaque instant dans la fociété des embryons qui répetent leurs faux
raisonnements, leurs épigrammes, leurs far-
casmes. Qu'il me soit permis de dire aux
disciples, comme aux maîtres, qu'ils sont des
aveugles.

Le Christianisme est le plus ferme appui
des sociétés, le frein le plus sûr contre les
crimes & les désordres qui peuvent troubler
les Etats. La crainte des châtiments, les
peines corporelles, les bourreaux, les gibets
peuvent bien en imposer à quelques méchants.
Mais qu'est-ce qui détournera les coups d'un
hypocrite adroit ? Qu'est-ce qui réprimera.

l'audace d'un fcélérat qui ne craint pas la mort? Quiconque eft fûr de fon fait, ou ne veut vivre qu'un quart-d'heure, n'a plus rien à refpecter. Ici finit donc la juftice humaine, pour laiffer la place à la Religion. Les Souverains doivent donc fe féliciter d'avoir un garant de plus de la fidélité de leurs Sujets, un frein formidable qui agit fur les confciences, & qui contraint les volontés! Les Sujets à leur tour doivent donc bénir la Providence, en voyant le defpotifme enchaîné, le pouvoir abfolu arrêté dans fes travers par la feule force fupérieure aux Rois & à leurs paffions.

Quel lien admirable pour la fociété que la Religion! Je dis plus, & je prie les nouveaux Précepteurs du genre humain de pefer ce raifonnement, quand je ferois auffi perfuadé de la fauffeté d'une Religion qui nous promet un éternel bonheur après cette vie, que je fuis convaincu de fa vérité, je croirois qu'il y auroit de l'inhumanité à divulguer ce fatal fecret; ce feroit à mes yeux un poifon funefte que je m'emprefferois d'enfouir. En effet l'Europe eft couverte d'hommes qui

menent

menent dans ce monde une vie malheu-
reuſe, qui luttent ſans ceſſe contre la mi-
ſere , qui gagnent leur pain à force de travaux pénibles , & qui s'en conſolent par
l'eſpoir d'obtenir le Ciel en rempliſſant leur
tâche laborieuſe, Philoſophes barbares ,
Déiſtes inhumains , vous enlevez à ces infortunés une eſpérance qui eſt pour eux un bien
réél même dans ce monde ! Et que leur
promettez-vous à la place ? le néant ou un
avenir incertain, Cruels ! brûlez vos livres.

CHAPITRE II.

De la Législation.

LES Loix font pour la société, ce qu'eft le fang pour le corps humain. Lorfqu'il eft pur, il porte la vie & l'embonpoint dans tous les membres; de même lorfque les loix font bonnes, elles vivifient le corps politique, lui donnent la vigueur & la fanté. Alors elles produifent la félicité du plus grand nombre, elles encouragent autant la vertu qu'elles répriment le vice, elles enchaînent & protegent également tous les Citoyens : alors cette égalité fi defirée par la Philofophie, & dont elle a fait une chimere en la réduifant à celle de l'état de nature, regne parmi les hommes ; ils ont le même intérêt à fe défendre & à fe refpecter les uns les autres, & en ce fens ils font égaux.

La légiflation auroit fans doute produit ces heureux effets, fi elle avoit été l'ouvrage de la raifon & de l'amour de l'humanité ; fi les Légiflateurs avoient confulté le génie des

Peuples, leur position, le climat, les productions naturelles ; si sur ces principes ils avoient eu en vue le bien public & y avoient dirigé les actions de la multitude ; mais l'intérêt, ou des besoins fortuits ont été leurs guides. Tantôt ils se sont fait des plans mesquins, rétrécis par leurs passions, qui subordonnoient le bien public au leur, qui favorisoient plus la tyrannie que les Peuples : tantôt, forcés par les circonstances, ils ont adopté de tous côtés ce qu'ils ont vu & ce qu'ils ont entendu, sans examiner ni la justesse, ni la convenance ; tout ce qui s'est présenté avec le nom de loi, leur a paru digne d'entrer dans leur Code. Aussi les loix des Nations policées sont-elles, pour la plupart, des idées sans liaison, des caprices sans suite, des imitations bizarres ! Elles se heurtent & se combattent mutuellement ; elles sont plutôt un chaos de loix, qu'un corps de législation.

Les Grecs vont en Egypte & en Phénicie chercher des loix qui ne conviennent ni à Athênes, ni à Thebes, ni à Lacédémone.

Les Romains tombent dans le même abus,

ils envoient des Jurisconsultes en Grece pour compiler un corps de droit. Ces loix, tant bien que mal adaptées aux petites Républiques Grecques, étoient-elles propres à gouverner un vaste Empire dont la Capitale étoit en Italie ?

Nous autres Modernes, nous n'avons pas été plus sages ; après avoir été conduits long-temps par les usages barbares des Goths, des Francs, des Lombards, nous avons adopté toutes sortes de loix, de réglements, de maximes politiques. De temps en temps on a touché à l'édifice, & la confusion s'est augmentée : de nouvelles loix ont été faites pour l'interprétation des anciennes, & ont enfanté de nouvelles difficultés : plus le corps du droit s'est enrichi, plus se sont multipliées les équivoques, les incertitudes, l'obscurité : on a eu recours aux interprétations, aux décisions des sages : l'autorité même s'est élevée contre l'autorité.

De ces variations, il est résulté un nombre infini d'Edits, d'Ordonnances qui s'obscurcissent mutuellement. Une même matiere a été traitée par des vues différentes ; les premieres

raifons ont difparu, les difficultés furvenues
en ont pris la place ; on a fait une loi fur
un motif, on en a fait une contraire fur un
motif oppofé ; on ne s'eft pas donné la peine
de tout prévoir avant que d'ordonner ; & on a
ordonné autant de fois qu'on a fait de nouvelles découvertes ; enfin on a abandonné
également & les premieres vues & les fui-
vantes comme imparfaites, & le défordre
s'eft augmenté, la confufion s'eft mife par-
tout, le brouillard s'eft épaiffi & a fini par
les ténebres. N'eft-ce pas là où en eft réduite
la légiflation de l'Europe ?

La bafe de cette légiflation eft le Droit
Romain, c'eft-à-dire cette informe compila-
tion de loix que l'Empereur Juftinien fit faire
au fixieme fiecle, qui fous les dénominations
d'Inftitutes, de Digeftes, de Code, de No-
velles, comprend non feulement beaucoup
de loix qui avoient été en ufage à Rome,
mais encore un grand nombre d'autres prifes
des Codes Egyptiens, Grecs, Phéniciens &
des conftitutions des Empereurs, qui, bien loin
de nous préfenter un fyftême raifonné de
Jurifprudence, où des principes féconds &

N 3

généraux précedent les conséquences , & où
les conséquences fuivent dans un ordre naturel, n'offre qu'un extrait fait fans goût ,
fans choix, fans méthode, d'une infinité
d'ouvrages volumineux où étoit noyé le
Droit Romain; qui, à la vérité, contient une
prodigieufe multitude de loix fur les matieres
civiles & criminelles ; mais loix inconfé-
quentes & contradictoires, loix chimériques,
inutiles & inapplicables à la fituation actuelle
des Peuples de l'Europe; enfin ce fameux
recueil eft farci de tant de minuties, de
contradictions , de chofes inintelligibles,
malgré les commentaires, qu'on ne peut que
déplorer la foibleffe de l'efprit humain, qui,
à la fin du dix-huitieme fiecle, ne nous offre
point un meilleur guide.

Juftinien a mérité de juftes reproches pour
avoir appliqué fans jugement des loix qui
étoient faites pour l'Italie, à l'Empire d'Orient.
Quelle inconféquence encore plus grande
dans les Nations modernes, d'avoir adopté
ce droit pour principe de leur légiflation !
Les changements qui fe font faits en Europe
dans la Religion, dans les mœurs, dans les

uſages, dans le commerce, n'annoncent-ils pas la défectuoſité de ce Code? Que nous font aujourd'hui toutes les loix qui concernent l'eſclavage, l'affranchiſſement, les bains publics, les offices des Ediles, des Queſteurs, des Préteurs, & mille autres objets de cette nature ?

Après le Droit Romain viennent les Conſtitutions, les Edits, les Ordonnances, les Déclarations des Empereurs, des Rois, des Souverains qui ſe contrediſent, ſe heurtent, ſe combattent ſouvent dans le même Etat. Les Sénats, les Parlements, les Cours de Judicature les interpretent, les éludent, les adoptent, les abandonnent, ſans principes certains, ſans aucune uniformité. Il ſuit de là une telle inconſtance dans les jugements, que qui n'eſt pas inſtruit de ce qui ſe paſſe jour pour jour dans les Tribunaux, ne peut ſe fonder ſur rien, ni prévoir avec certitude ſur quelle regle une affaire ſera décidée (1). De cet abus, qui eſt de rendre la Juriſprudence incertaine & la Juſtice arbitraire, on tombe néceſſairement dans un autre, qui eſt d'ignorer les droits des Princes & de leurs

____

(1) Voyez Poquet de Livonieres & Bretonier.

Couronnes, leurs véritables intérêts & ceux
de leurs Sujets ; de ne pas connoître même
fes propres droits, ni ceux des autres corps
de l'Etat, de les combattre & de fe détruire
mutuellement.

Les Coutumes fuivent avec leur livrée
barbare ; les Nations policées en ont hérité des
Sauvages du Nord, ou elles fe font établies
dans les fiecles d'anarchie, c'eft-à-dire dans
la confufion des droits ; elles contiennent une
infinité de difpofitions auffi oppofées à la
loi naturelle qu'à la faine politique. Qui pourroit calculer leur nombre & leur variété ?
Chaque province, chaque canton, chaque
ville même a fa Coutume. On en compte en
France près de quatre cents, toutes différentes, toutes écrites, toutes fort longue-
ment commentées. Ajoutez les procès-ver-
baux de rédaction qui les expliquent, les
Edits qui les modifient ou les redreffent, les
Arrêts des Cours Souveraines qui les interpretent, & les ufages locaux qui y dérogent.
Quelles fources de procès, de chicanes,
de troubles, parmi des Peuples qui vivent fous
le même Roi, qui font dans une communi-

tation continuelle, qui passent ou se marient les uns chez les autres, & qui sont soumis à d'autres Coutumes que celle de leur pays natal.

Que dirai-je du Code criminel ? monstrueux assemblage de loix aussi contraires à l'humanité, qu'au droit de la nature. Il semble que les Législateurs de l'Europe aient été autant de Dracon ; ils ont écrit leurs Codes non avec de l'encre, mais avec le sang humain. Nulle proportion entre le délit & la peine : la mort est le supplice de presque tous les crimes, & la différence de la punition ne se voit que dans la maniere plus ou moins atroce de la faire subir. De là il arrive que le Peuple ne voyant point de distinction dans les châtiments, n'en met point dans les crimes ; le vol & le meurtre se confondent dans ses idées, & sont des délits égaux à ses yeux : ainsi commettre l'un ou l'autre, c'est, selon lui, commettre un attentat pareil contre la société & contre la nature.

Si les passions ou la nécessité de la guerre ont enseigné aux hommes à répandre le sang humain, au moins les loix, dont le but est l'humanité, ne doivent-elles pas multiplier les exemples de barbarie ! Exemples d'autant plus contagieux, qu'ils accoutument les méchants à voir couler le sang sans horreur. L'appareil des supplices répand, je le veux bien, l'effroi & la terreur parmi la multitude ; mais ce n'est pas la force ou la cruauté des châtiments qui fait le plus grand effet sur l'esprit humain, c'est leur durée : notre sensibilité est plus facilement affectée, & d'une maniere plus durable, par des impressions foibles & répétées, que par un mouvement violent & passager. En conséquence la mort la plus cruelle d'un scélérat sera un frein moins puissant du crime, que le long & le durable exemple d'un homme privé de sa liberté, devenu un animal de service, une bête de somme, pour réparer, par les travaux de toute sa vie, le dommage qu'il a fait à la société. Ce retour fréquent du spectateur sur lui-même, si je commettois un semblable crime, je serois toute ma vie réduit à cette malheureuse condition, fait une toute autre impression sur lui, que la vue d'un supplice qui ne dure qu'un instant.

La Jurifprudence, qui vient à l'appui de ce Code fanguinaire, eft auffi barbare (1). Elle admet, pour punir un malheureux, des moitiés, des quarts, des tiers, des fixiemes de preuves ; les probabilités, les préfomptions, les oui-dires trouvent grace, ont même du poids chez elle ; & fur une démonftration qui a pour bafe des principes auffi ridicules, on envoie un coupable prétendu à la roue. Ceci fait frémir l'humanité & rougir la raifon ! Jurifconfultes inhumains & abfurdes, y eut-il jamais de demi-preuves ? Toutes les probabilités réunies purent-elles jamais faire une certitude ? c'eft tout comme fi vous difiez qu'il y a des moitiés de vérités, des quarts de rai-fonnements. Ce défaut de logique fait tomber dans une autre abfurdité non moins funefte : un Citoyen eft-il foupçonné de quelque crime, on l'applique à la torture pour le condamner par fon propre aveu. Mais n'eft-il pas contre le droit naturel d'obliger quelqu'un à témoigner contre lui-même ? Mais quelle confeffion que celle qui a pour principe les

---

(1) Ce que je dis là ne regarde pas la France, il y a long temps que cette Jurifprudence y eft profcrite.

douleurs & les angoisses? Mais un coupable robuste ne s'obstinera-t-il pas à taire son crime, & un innocent foible ne se condamnera-t-il pas lui-même? Quelle Justice que celle qui interroge avec des leviers & des presses, qui écrase à loisir un malheureux sous la progression lente des plus horribles tortures! Tirons le voile sur ces horreurs.

Le droit féodal est encore une législation gothique, aussi obscure, aussi hérissée de difficultés & de contradictions que toutes les autres. Il fut réduit en système au douzieme siecle; on y entremêla les Loix Germaniques, Lombardes & Françoises, avec le Droit Canon & le Droit Romain. C'est un édifice dont les fondements sont barbares & surannés, & dont l'élévation est chargée d'ornements antiques & religieux. N'est-il pas étonnant que des droits de terres, ou équivoques, ou onéreux, subsistent encore comme les restes d'un Gouvernement qui ne subsiste plus? Ce sont les décombres d'une masure qui gênent le Propriétaire. Les fiefs forment un état intermédiaire, qui multiplie les êtres sans nécessité, qui donne lieu à une Juris-

prudence toute particuliere, qui rend les poffeffions incertaines & fouvent arbitraires, qui
eft une mer de fraude, de vols, de procès, qui
tend des pieges continuels aux Citoyens.

Enfin le Droit Canon n'offre point une
légiflation plus fatisfaifante. Il eft furpre-
nant combien les Loix Eccléfiaftiques fe
font multipliées : elles fe préfentent fous
toutes fortes de noms & de formes : Canons,
Corps de Droit, Ordonnances, Bulles,
Regles de Chancellerie, Décrets, Décrétales, Conftitutions, Concordats, Pragma-
tique-fanction ; chacun de ces objets forme
des collections nombreufes, dont la plupart
même font encore imparfaites.

Le progrès fans doute des abus a occafionné celui des Loix ; mais ce remede ne
feroit-il pas pire que le mal ? En multipliant
les regles, il rend leur connoiffance plus
difficile, leur application moins certaine,
leur contravention plus fréquente. Il n'eft
guere poffible que dans la multitude il ne
s'en foit gliffé d'inutiles, d'infuffifantes, qui
ne vont point à la fource du mal, & qu'on
peut éluder en mille manieres. Ainfi faites

pour corriger des abus qui les précédoient, les Loix Eccléfiaftiques en ont occafionné. d'autres, qui en ont eu befoin de nouvelles pour être réprimées. La Légiflation Canonique s'eft donc groffie inutilement. Voilà comment la connoiffance des regles de l'Eglife, fi fimple autrefois, & poffédée par tous les Fideles, eft devenue une fcience qui a fes recueils, fes abrégés, fes difficultés, fes incertitudes, fes contradictions même.

Avoir expofé l'état de la Légiflation de l'Europe, n'eft-ce pas avoir démontré qu'elle eft défectueufe dans toutes fes parties? qu'il faut lui en fubftituer une autre? ou au moins qu'elle a befoin d'être réformée, refondue, remembrée?

Nous fommes parvenus à des fiecles heureux, où les Souverains peuvent ofer & faire de grandes chofes : le temps n'eft plus où l'Europe étoit divifée en plufieurs Gouvernements barbares, fondés fur l'ignorance & fur des Coutumes de Sauvages : le Peuple a ceffé d'être efclave, les Nobles ont ceffé d'être tyrans, le pouvoir légitime a chaffé l'anarchie, les mœurs fe font adoucies & ont rendu les Nations plus souples , plus traitables. Tout a changé autour des Loix : n'y aura-t-il donc qu'elles qui resteront dans leur antique barbarie ? Il est des époques où il faut nécessairement les retoucher. Athênes & Rome nous en ont donné l'exemple.

Monarques , Souverains de l'Europe , profitez des circonstances favorables où la Providence vous a placés : devenez les bienfaicteurs de l'humanité ; rien ne peut être plus utile à vos Sujets que la refonte des Loix : imitez le Créateur , dont vous êtes les images vivantes ; rappellez-les à la simplicité & à l'uniformité de celles de la Nature. Ce qui les rend funestes , c'est sur-tout leur multitude & leur prodigieuse variété ; elles embarrassent , elles écrasent vos Sujets ; ils ne sçavent comment parer leurs coups. Le temps où les Loix de Rome étoient gravées sur douze tables , a été le plus florissant de cette fiere République.

Je sçais que de grands Magistrats n'ont point été de cet avis. Les noms illustres de Montesquieu & de Hainaut en imposent. Mais le respect que nous devons à leur réputation, ne doit point préjudicier à la vérité & au bien public : ainsi pesons leurs raisons.

L'uniformité & la simplicité dans les loix est le plus sûr instrument du despotisme, nous dit M. le Président de Montesquieu.

Le despotisme est l'empire de la force & la confusion de tous les droits : comment donc ceux qui voudroient l'établir, favoriseroient-ils des loix qui assurent de la maniere la plus distincte les droits de chacun, & qui ne permettent pas de les confondre ? Plus elles sont simples & uniformes, plus elles sont faciles à démêler, plus le Peuple les connoît, moins les Princes ou leurs représentants peuvent prévariquer contr'elles.

Mais les usurpateurs distingués par leur génie, ont tous travaillé à simplifier les loix : César & Cromwel ont tenu cette conduite.

Qu'est-ce que ceci prouve ? que deux ambitieux, après avoir envahi par le droit des brigands, ont voulu conserver par celui des Princes légitimes. Pour couvrir leur usurpation, ils ont usé d'un trait de génie qu'auroient dû employer les Puissances renversées

par

par eux, pour prévenir leur chûte. Ce qui prouve au contraire qu'ils n'agiſſoient ni en deſpotes, ni en tyrans, en réformant les loix, c'eſt que Rome & Londres ſe ſont bien trouvées de ces réformes.

Dans de grandes & vaſtes Monarchies, nous dit M. le Préſident Hainaut, telles que la France, l'eſprit & le caraĉtere des Peuples ne ſont pas les mêmes ; les Provinces étant ſéparées par d'autres fort étendues, il s'eſt établi dans chacune des uſages, des Coutumes qui varient ſelon la teinte du génie des Habitants.

Il faut donc gouverner un grand Royaume de la même maniere que les petits Etats dont il étoit compoſé ſous l'anarchie féodale ! l'eſprit & le caraĉtere des Peuples pouvoient peut-être alors être différents, parce que les intérêts de leurs maîtres n'étoient pas les mêmes ; mais aujourd'hui tout François eſt gai, ſpirituel, courageux, idolâtre de ſon Roi ; il ne vit pas différemment à Paris & à Marſeille, à Rheims & à Lyon : les Peuples ſe trouvant réunis ſous la même domination, ont plus de communication entr'eux, commercent ensemble, passent sans cesse les uns chez les autres, & se forment ainsi au même ton de génie & de caractere.

Mais enfin, dans les différents Gouvernements de l'Europe, les Citoyens sont, pour ainsi dire, classés ; chacun a son état & sa profession. Le Militaire est distingué de l'Ecclésiastique, le Noble du Bourgeois, le Magistrat du Commerçant, l'Artiste & le Cultivateur de l'homme de Loi ; tous ces divers ordres de l'Etat doivent-ils être assujettis à la même regle ? Pourquoi non, lorsqu'il s'agit de propriété ? ils sont tous Concitoyens, & par conséquent ils doivent tous posséder aux mêmes titres.

N'est-il pas absurde qu'une même chose soit juste & vraie en Champagne ou en Bourgogne, & qu'elle soit réputée fausse & injuste en Normandie ou en Bretagne ?

CHAPITRE III.

De la Justice.

IL est une Justice universelle, source de tous les droits, dont celle des Peuples n'est qu'une ombre & un léger crayon. Si elle régnoit sur la terre, elle suffiroit pour la gouverner ; elle seule y maintiendroit l'ordre sans le secours des réglements extérieurs. Si les hommes étoient dociles à sa voix, ils n'auroient besoin ni de loix, ni de police, ni d'aucuns des ressorts que la politique met en mouvement pour les contenir & les attacher au bien public. C'est elle qui est le plus ferme appui des Trônes, qui fait la prospérité des Gouvernements ; c'est elle qui unit les Sujets à la Patrie, qui est le lien des Citoyens entr'eux ; c'est elle, en un mot, qui prescrit à chacun ses devoirs.

Mais autant la figure differe de la réalité, autant la Justice civile est-elle éloignée de cette Justice primitive? Celle-ci en effet arrête l'ambition, prévient les animosités, étouffe l'intérêt, détruit la jalousie, fait méprifer la faveur, enchaîne tous les penchants déréglés; celle-là, au contraire, eſt inceſſamment occupée à arrêter les incendies, à réparer les déſordres, à guérir les plaies que les paſſions cauſent dans la ſociété.

De là les Tribunaux, les formes légales; de là la Magiſtrature avec ſa longue ſuite d'Officiers, de Juriſconſultes, de Gens de plume; de là enfin tout l'appareil & l'impoſant de la Juſtice civile.

Quelque part que j'aille en Europe, dans quelque Ville que je porte mes pas, j'apperçois par-tout des Temples élevés à la Juſtice. A certains jours, des Citoyens de tous les ordres, de tous les états s'y rendent en grande foule. J'y entre avec la multitude : que vois-je ? Des adorateurs zélés, qui offrent leurs vœux à la Divinité ? des Miniſtres pacifiques, qui brûlent un encens pur ſur ſes Autels ? Non; je ne vois que trouble & confuſion, des aſſauts, des batailles, de vrais combats, où des champions, en champ clos, ſe choquent avec fureur. Le fang, à la vérité, n'eſt point verſé dans ces querelles, on n'y fait couler que l'encre, l'argent & les injures; mais les ſuites en ſont auſſi fatales que celles des batailles: les vainqueurs & les vaincus en ſont également la victime, & leurs dépouilles reſtent entre les mains des Gens de Loi.

Que l'on ne s'imagine pas, comme il feroit naturel de le penſer, que les acteurs de ces ſcenes déplorables ſoient des Citoyens qui viennent eux-mêmes implorer la Juſtice? Non; ils ne ſont que les témoins de leur défenſe: ce ſont des Officiers du Barreau qu'ils ſont dans l'uſage de ſoudoyer pour plaider leurs cauſes. La Juſtice Européenne craint l'humeur & les emportements des Plaideurs, elle leur donne des Avocats, & elle prétend qu'ils les défendront avec le même zele, ſans y mêler l'amertume & l'éclat des paſſions.

Un Aſiatique de bon-ſens nous diroit: qu'ai-je beſoin d'un ſubſtitut mercenaire qui n'eſt pas plus exempt de foibleſſes que moi, & qui ne ſoutiendra pas mieux mes intérêts? mais il les expoſera à vos Juges avec plus

de netteté , de précision & d'éloquence.
Si j'ai bien pu le mettre au fait de mon
affaire, ne pourrai-je pas également en inftruire mes Juges ? Qui peut me répondre
qu'il fe donnera la peine de lire les pieces
que je lui ai remifes , ou qu'il en faifira bien
le fens ? qui m'affurera qu'il travaillera affez
foigneufement à mon affaire, pour la mettre
fous un jour favorable , & qu'il préfentera
mes moyens dans toute leur force ? qui me
cautionnera qu'il ne fe laiffera pas gagner
par mon adverfaire , & qu'il ne me défendra
pas foiblement pour faciliter fon triomphe ?
Pourquoi donc me priverois-je du droit de
me défendre, que la nature m'a donné ?

D'ailleurs il n'eft malheureufement que
trop vrai que les Avocats, au lieu de re-
préfenter leurs Parties dégagées de paffions,
au lieu de foutenir uniquement les intérêts de
la Juftice , font fouvent les premiers à ufer
de menfonges, d'artifices , de fuppofitions
dans les faits, de furprife dans les raifon-
nements , pour défendre de mauvaifes caufes,
ou pour prolonger les procès.

Combien , fur-tout dans les Provinces

& les petites Villes, dont toute la fcience confifte dans un jargon bruyant d'axiômes de Droit & de maximes de Jurifprudence ! Ils en impofent ainfi, & fe font paffer chez le vulgaire pour d'habiles Jurifconfultes ; ils furprennent la bonne foi des Plaideurs innocents, ils les induifent dans des procès injuftes, & les entraînent dans des abîmes de chicanes & de dépenfes ruineufes.

Mais les Avocats font les foutiens du pauvre, du foible, des perfonnes qui ne connoiffent pas les Loix & qui ne font pas en état de fe défendre. J'en conviens pour le grand nombre, fur-tout dans les Cours Souveraines : qu'ils foient donc les patrons du foible, de l'orphelin, de la veuve ; qu'ils le foient même, fi l'on veut, de l'homme riche, qui ne veut pas fe donner la peine de débrouiller une affaire & de la fuivre dans les Tribunaux ; mais au moins que tout Citoyen en état de fe défendre, ait la liberté que lui donne la nature, & dont l'ufage femble le dépouiller..... de foutenir lui-même fes intérêts devant fes Juges.

Les Avocats, au moins ceux qui font

prévaricateurs de leur devoir, ne font pas les feuls Officiers de la Juftice à redouter pour les Plaideurs. Il en eft de plus à craindre & de plus infatiables. Le Lecteur me prévient fans doute, & a déjà nommé les Procureurs. Ce font des efpeces d'Avocats inférieurs qui fe chargent de défricher les affaires. Leurs peines méritent fans doute d'être payées, mais ils vendent trop chérement leur miniftere. Les plus défintéreffés d'entr'eux n'exigent, felon l'ordonnance, que le falaire du travail qu'ils ont fait; mais il n'en eft point qui ne faffent que celui qu'ils devroient faire. Une fraude d'ufage parmi ces corfaires, eft de furcharger les Plaideurs d'un vain fatras d'écritures, dont la feule utilité eft de groffir leurs rétributions.

Purger le Barreau de ces Officiers créés pour l'utilité publique, & qui en font les plus redoutables adverfaires, ce feroit rendre fervice à la Juftice même qu'ils aviliffent; & la chofe eft facile, au moins pour les Jurifdictions inférieures. Il eft jufte que dans les Cours Souveraines il y ait des Avocats uniquement occupés de la plaidoierie & du

conſeil : les affaires multipliées ne leur per-
mettroient pas de vaquer au menu détail des
procès. Ce travail d'ailleurs feroit rebutant
pour des Patru, des Cochin, des le Maître.
Mais qui empêche que dans les Tribunaux
des provinces, les Avocats ſe chargent de
conduire la procédure, d'obſerver les formalités, de veiller à ce que chaque piece
du procès ſoit légale, & que rien ne ſoit
négligé; qui empêche, en un mot, qu'ils
ſoient Avocats & Procureurs tout à la fois?
Les malheureux qui ſont forcés d'avoir recours
à la Juſtice, ſeroient déchargés d'une quantité de frais ruineux.

En vain diroit-on qu'en diviſant l'ouvrage
il en eſt plutôt fait, que les affaires ſont plus
vîte expédiées, & que les procès durent
moins de temps. L'expérience prouve le
contraire : les ſacs ſont ſouvent à pourrir
chez le Procureur autant de temps qu'il en
faudroit à l'Avocat pour inſtruire pleine-
ment l'affaire; de plus, n'eſt-il pas néceſſaire
que l'Avocat, pour ſe mettre au fait du
procès, faſſe l'eſſentiel du travail du Procureur? & le reſte n'eſt qu'un méchaniſme qui

ne demande ni peine, ni temps pour celui qui connoît l'Ordonnance.

Ce qui prolonge les procès & les fait durer éternellement, c'est l'abus de la forme ; c'est ce nombre prodigieux d'écrits qui, contre le vœu des Ordonnances, se répetent les uns les autres, & dont le dernier n'inftruit pas plus le Juge que le premier ; c'est fur-tout la négligence avec laquelle certains Rapporteurs ont coutume de préparer leur travail. Les pieces d'un procès font des mois, des années entieres dans leurs cabinets, fans qu'ils daignent y jeter les yeux. Cet abus criant prouve ou l'incapacité du Juge, ou son peu de zele pour la Juftice.

Car dire qu'il faut qu'un procès parvienne à fa maturité, c'est alléguer un vain prétexte. Qu'eft-ce en effet que la maturité d'un pro-cès, finon fa pleine & folide inftruction ? Et ne connoît-on pas des Confeillers qui inf-truifent dans quelques femaines des affaires compliquées ? Si la caufe vous étoit propre, Juge dur & inique, fi elle intéreffoit un ami, un parent ; fi elle vous étoit re-commandée par un grand Seigneur, par un

Prince, par une femme, elle feroit bientôt expédiée ; mais il ne s'agit que d'un honnête Citoyen, dont la fortune périclite tandis que fon procès refte indécis, d'une veuve à qui on enleve le pain de fes enfants, d'une maifon de pupilles dont on ébranche l'héritage, d'un malheureux qu'écrafe un homme riche, & votre réponfe éternelle eft que vous êtes accablé d'affaires.

Après des années d'attente, de pourfuite, d'incertitude, on obtient un Jugement ; mais c'eft fouvent n'avoir rien obtenu. L'adverfaire, pour en éluder l'effet, va, par plufieurs appels fucceffifs, promener fa Partie de Tribunal en Tribunal, & la laffer ou l'abattre par impuiffance.

Il eft des maux que la politique ne peut arrêter, il en eft d'autres qu'elle tolere par appréhenfion de plus grands : la multiplicité des Jurifdictions n'eft certainement ni dans l'une, ni dans l'autre claffe ; c'eft une branche parafite que l'on peut retrancher impunément de l'arbre de la Juftice, & dont l'amputation ne peut que produire un grand bien. Pourquoi ces degrés de Jurifdiction qui fe fuccedent jufqu'à cinq ou fix fois au civil, tandis que fouvent il n'y en a qu'un au criminel ? Pourquoi des Juftices feigneuriales reffortiffantes à des Bailliages, qui eux-mêmes reffortiffent aux Cours Souveraines ? Ces Juftices donnent aux Sujets plufieurs maîtres, & ne font bonnes qu'à enrichir les Praticiens aux dépens du Peuple.

Tout procès devroit être décidé dans deux inftances : une affaire qui eft portée à deux Tribunaux eft affez éclaircie, & doit être fenfée bien jugée. Si l'on objecte que les Juges de dernier reffort, quelque habiles & expérimentés qu'ils foient, peuvent encore fe tromper, faire tort à l'une des Parties, & qu'il eft dur de lui ôter toute reffource ; je réponds que la même difficulté fubfiftera toujours, dût-on augmenter à l'infini les degrés de Jurifdiction. Il n'eft point de précautions capables d'empêcher que le bon droit ne foit quelquefois léfé : autant vaudroit-il dire qu'on a trouvé le moyen de délivrer les hommes de leurs imperfections.

Malgré cette grande multitude de Jurifdictions, il eft cependant de vaftes provinces, sur-tout en France, où la Justice n'est pas à portée des colitigants ; il faut qu'ils aillent la chercher à cent cinquante lieues de leurs foyers. Le Parlement de Paris décide les procès de plus d'un tiers du Royaume. Je veux bien que le travail ne soit pas énorme, vu la prodigieuse quantité d'Officiers qui le composent, & qu'il y peut suffire. Mais compte-t-on pour rien le déplacement d'un pere de famille qui est obligé d'aller plaider à quinze journées de son domicile, & dans des Capitales où l'argent échappe le plus promptement des mains d'un étranger ?

Il est démontré qu'injustice auprès vaut mieux que justice au loin ; le calcul est d'ailleurs facile. Un petit Propriétaire est voisin d'un chicaneur, d'un frippon, qui, dans son avidité & sa mauvaise foi, lui enleve un arpent de terre. Le pauvre va porter sa plainte au Juge du lieu ; si le Juge, inique ou ignorant, adjuge l'héritage au frippon, l'honnête homme perd son morceau de terre : mais s'il faut qu'il aille implorer la Justice à trente ou quarante lieues de son domicile, il vendra quatre arpents de terre pour subvenir aux frais des voyages & de la poursuite ; & si la Justice en dernier ressort est à cent lieues de chez lui, tout son patrimoine sera bientôt absorbé.

A Dieu ne plaise que je veuille inculper la vigilance du plus ancien Tribunal de l'Europe, & si respecté, qu'autrefois les Princes & les Nations remettoient leurs intérêts à sa décision ! mais Paris seul donne plus de procès que trois provinces. Les contestations naissent des affaires, de l'industrie, du mouvement ; or il y a nécessairement plus de tout cela dans la Capitale, parce qu'il y a plus de moyens de fortune, plus d'activité, plus d'appât pour la cupidité. De là il suit que cette Cour Souveraine se trouve surchargée de travail, & que les procès y durent éternellement.

Des Habitants de la Marche, du Poitou, de l'Auvergne sont contraints d'être des années entieres à Paris à solliciter, à attendre, à manger le fonds de ce qui fait le sujet de leurs débats. Pourquoi ces provinces éloignées, ainsi que le Berry, le Lyonnois, la Champagne, n'auroient-elles pas leurs Parlements ?

Mais à proportion que les Jurisdictions subalternes sont éloignées des Tribunaux supérieurs, elles prennent plus de consistance, elles acquierent plus de considération & sont mieux servies ; les Habitants de leurs ressorts s'accoutument à les regarder comme des Cours Souveraines, dans la crainte d'un déplacement qui feroit également perdre les deux Parties. L'observation peut être quelquefois vraie entre contendants d'égales forces; mais si l'un est plus riche, ou a plus de crédit, cette crainte de sa Partie se convertit en avantage pour lui. Le foible a donc tout à appréhender ; il sera contraint ou d'acheter son bon droit en transigeant, ou de voir sa fortune se dissiper à la poursuite d'un procès.

Heureux si, transporté dans un pays inconnu, inquiet sur sa famille & ses affaires domestiques, il a toute sa tête & ne néglige rien dans la poursuite de sa cause. Car la pratique actuelle asservit les Plaideurs à tant de formalités minutieuses, qu'il est difficile qu'elles n'échappent, au moins quelques-unes, aux plus clairvoyants & aux plus expérimentés. Aussi voit-on tous les jours au Palais, la forme emporter le fonds : c'eſt même un axiôme. La maxime directement contraire devroit être une vérité immuable.

Que la forme ſoit néceſſaire pour aſſurer la preuve des faits, pour mettre de l'ordre dans la procédure, pour garantir les Juges de toutes ſurpriſes de la part des Procureurs ou des Clients, je le veux bien. Mais que l'on faſſe donc en ſorte qu'elle ne devienne pas, entre les mains du Praticien cauteleux & de mauvaiſe foi, l'inſtrument du crime ; mais que l'on faſſe donc en ſorte que la juſtice & la vérité ne ſoient pas les victimes de la rigueur & de ſa marche lente ; mais que l'on faſſe donc en ſorte qu'elle ne ſoit l'occaſion ordinaire ni des manœuvres, ni de la chi‑cane, ni de la fraude. Dans l'état actuel des choſes, un homme de probité perd ſou‑vent une cauſe évidemment juſte, parce que lui, ou les guides dont il s'eſt ſervi, auront manqué à quelques formalités. Ceci ne ré‑volte-t-il pas autant le bon-ſens que l'équité naturelle ?

Au reſte, & pour concluſion, il y a dans les Villes de commerce des Tribunaux, qui,

qui, à beaucoup d'égards, devroient fervir
d'exemple aux Cours de Judicature : fur
ce modele, elles devroient toutes fe former.
Je veux parler de la Juftice Confulaire. C'eft
peut-être la feule qui fe foit confervée dans
la pureté de fa premiere inftitution. Les
affaires s'y décident gratuitement ; point de
vacations, point d'épices pour les Juges ;
elles s'y débrouillent fans gêne ; point de
cet amas de chicane où le bon droit eft em-
barraffé, & où la forme étouffe le fonds. On y
décide les affaires le plus promptement poffible ; une fois en place, les Confuls ne dé-
femparent pas du fiege, qu'ils n'aient expé-
dié toutes les caufes qui fe préfentent. On
n'entend point dans ce Sénat des Orateurs
bruyants, on n'y voit point des Magiftrats
petits-maîtres : la bonne foi & la fimplicité
font, d'un côté, luttant contre le menfonge
& la fraude ; & de l'autre, le bon fens &
l'équité triomphant de la chicane & de l'in-
juftice.

CHAPITRE IV.

Du Commerce.

Tant d'Auteurs célebres ont traité du Commerce ; ils l'ont fait d'une maniere si satisfaisante, qu'il seroit téméraire de proposer de nouvelles vues sur cet objet. Je me bornerai donc à quelques réflexions, que j'étendrai le moins qu'il me sera possible.

Je commence par une maxime importante dans cette matiere, & qui me conduira à faire l'analyse d'un systême qui a eu beaucoup de partisans, & qui a actuellement autant de détracteurs.

Dans tout Royaume agricole, la culture des terres doit être la base du Commerce ; plus elle sera poussée loin, plus il sera florissant, & plus sa balance penchera du côté de la Nation qui aura en honneur l'Agriculture. En effet, les richesses réelles viennent de la terre ; l'homme les retire de son sein avec la charrue : ce n'est ni l'or, ni l'argent, ce ne font ni les métaux, ni les minéraux qui doivent être mis dans cette claffe ; ils n'en font que la repréfentation. Les aliments de premiere néceffité, voilà les vraies richeffes, fans lefquelles toutes les autres ne font rien.

Suppofons deux Etats voifins, en commerce l'un avec l'autre, dont le premier n'auroit en partage que du bled, du vin, des fruits ; & le fecond poffédero it toutes les mines d'or & de diamants : il eft évident qu'à la longue, par les échanges continuels qu'ils feroient entr'eux, l'un, fans perdre fon abondance, au contraire l'augmentant toujours, ruineroit l'autre, & en attireroit toutes les richeffes. Sa population augmenteroit auffi non feulement à raifon de fon abondance, mais encore à proportion de la difette de fon voifin, parce que fes Sujets déferteroient pour aller à la fource de l'aifance. Cette population, en multipliant les bras, multiplieroit les richeffes, la terre rendant en proportion des forces qui la travaillent.

De cette hypothefe, purement idéale, fuit une vérité de fait qui eft inconteftable ; c'eft que la Nation la plus agricole , toutes choses égales d'ailleurs & toute proportion gardée , doit être la plus riche , la plus puissante , la plus florissante , soit parce que son commerce est plus lucratif , soit parce que ses especes numéraires & ses richesses fictives se multiplient à l'infini , soit parce que le nombre de ses Sujets augmente tous les jours. Cette correspondance continuelle d'une agriculture qui augmente sa population , & d'une population qui étend son agriculture, doit nécessairement produire ces heureux effets.

Tels sont, en abrégé, les principes du système des Economistes, principes qui, selon ma maniere de voir , sont évidents , lumineux, & portent avec eux la conviction. Voyons maintenant les conséquences qu'ils en tirent.

Les vraies richesses provenant du sol , il en faut conclure, 1°. que ce sont les Propriétaires des terres , qui, en derniere analyse, paient les impôts : ainsi sans faire passer les subsides qu'ils fournissent à l'Etat par des canaux intermédiaires, incertains, ruineux, il faut les asseoir directement sur les poffeffions, ou fur leur produit ; mais produit net, c'eft-à-dire, les dépenfes indifpenfables prélevées, comme les femences, les frais de culture, les réparations, les achats des outils, des beftiaux, la nourriture & l'habillement du Laboureur & de fa famille. 2°. Les impôts ne pouvant être levés que fur le produit des fonds, & relativement à fa quotité, il faut chercher les moyens les plus fûrs pour l'accroître : parmi tous ceux que l'on peut mettre en ufage, le meilleur eft de laiffer faire au Propriétaire tout ce que bon lui femble de fa denrée, foit en la confervant & en l'emmagafinant, foit en la vendant au-dedans ou au-dehors de fon pays.

Le monopole n'eft point à craindre au milieu de cette liberté générale & indéfinie, parce qu'il ne peut avoir lieu avec la concurrence, & qu'il eft toujours l'effet des entraves que la Police met au commerce. Il ne faut pas plus appréhender la famine par l'exportation, parce qu'il ne fortira jamais du pays que le fuperflu de la denrée. Un Négociant, qui entend fes intérêts, ne ven-

P 3

dra à l'Etranger, que lorsque le grain fera à trop bon compte dans son canton , & cette baisse est le thermometre de l'abondance.

Les Economistes appliquent ensuite cette théorie aux Arts , aux Manufactures , aux métiers ; ils y introduisent la même liberté. Le travail & l'industrie font des facultés naturelles de l'homme, ce font des propriétés dont il doit jouir dans toute leur étendue. Ainsi point de jurandes , point de maîtrises, point de corporations, point d'Inspecteurs, point de poids , de mesures. S'il s'en suit de la fraude , de l'ineptie , tout cela fera bien-tôt réparé : on fe défiera des frippons , on n'emploiera plus les ignorants ; les uns feront forcés d'être honnêtes gens , les autres de s'instruire , fous peine chacun de mourir de faim ; aiguillon le plus puiffant pour faire germer la probité & les talents.

Je ne fuivrai pas plus loin les conféquences de ce fyftême , je n'entrerai même pas dans leur difcuffion. On y a trouvé trop d'inconvénients chez une Nation qui adopte tout, fans s'arrêter à rien ; qui après en avoir effayé un moment fous un Miniftre homme de génie, plein de connoiffances, de probité & dévoré du zele ardent du bien public, a applaudi à fon renverfement fous fon fucceffeur : comme s'il ne falloit pas attendre du temps le fuccès d'une théorie politique : comme fi celle-ci en particulier n'étoit pas de nature à faire naître quelques inconvéniens, à éprouver des contradictions dans les commencements. Mais après quelques années, les clameurs auroient ceffé, les inconvéniens auroient difparu d'eux-mêmes, ou auroient été fupprimés, & la vivification intérieure, l'abondance, la population en auroient pris la place. Si les Gouvernements étoient arrêtés dans la réforme des abus par la confidération des inconvéniens particuliers, on les laifferoit tous fubfifter. Quel eft en effet l'abus qui n'ait fes partifans, que les frippons, les gens riches & puiffants n'aient intérêt de foutenir !

Ainfi nous avons affaire à un malade qu'il faut traiter avec précaution ; il eft défiant, capricieux, de mauvaife humeur : capitulons donc avec lui.

Vous voulez une agriculture floriffante,

P 4

vous la regardez comme la base du commerce ? prenez donc les moyens de la rendre telle : allégez le joug des cultivateurs, des fermiers, des gens de la campagne. Si vous les accablez d'impôts, de vexations, de contraintes, ils ne pourront pas avoir assez de bestiaux, d'engrais, d'instruments nécessaires au labourage ; & les terres, au lieu de produire abondamment, comme elles le font lorsqu'elles sont bien cultivées, ne vous donneront que des récoltes médiocres ou mauvaises.

Mais il ne s'agit que de l'avance d'une année ; que les Cultivateurs la fassent, ils seront plus riches, & nous aussi. Vous commandez donc à la nature & aux saisons ! Qui vous a dit que cette année ne seroit pas stérile ? que la grêle, les inondations, la confusion des éléments n'empêcheroient pas les moissons de parvenir à leur maturité ? Supposons cependant que tout réussisse à votre gré ; cette avance, les Cultivateurs ne sont pas en état de la faire : il faut qu'ils vivent pendant l'année. C'est donc au Gouvernement à qui elle tombe en charge.

Vous voulez une agriculture florissante ? & vous arrachez le Vigneron à sa vigne, le Laboureur à sa charrue, dans les saisons vivantes de l'année, pour les transporter avec armes & bagages à trois & quatre lieues de leurs domiciles, sur des grands chemins, où des Alguazils impitoyables les forcent à préparer sans salaire une route commode au Publicain, au Prélat, à l'Intendant, au Gouverneur. Vous ne voulez pas voir qu'ils perdent quinze jours, quelquefois un mois d'un travail précieux & nécessaire ; que leurs bestiaux languissent, qu'ils périssent même à ce travail extraordinaire & forcé.

Mais le Cultivateur y gagnera: il facilite par-là le transport de ses denrées, elles auront plus de débouchés, il les vendra plus chérement. C'est donc détruire d'une main ce que vous édifiez de l'autre. Au reste quels sont ceux qui y gagnent? je ne vois que le grand Propriétaire & le Fermier riche, qui peuvent avoir l'espérance de retirer leurs mises. Mais le Métayer, le Laboureur pauvre, le petit Propriétaire, qu'y gagnent-ils ? mais le Berger, le Batteur, le Valet de

charrue, le Bûcheron, & cette multitude de
journaliers qui forment le fond des travailleurs
de la campagne, qu'y gagnent-ils ? ils cimen-
tent de leurs sueurs & de leur sang, des grands
chemins inventés pour augmenter la fortune,
entretenir le faste & la délicatesse des riches.

Vous voulez une agriculture florissante ?
ne ravissez donc pas à cet Art qui nourrit les
hommes, un terrein précieux, pour l'employer en vastes & larges voies publiques,
qui vous procureroient le même avantage,
si elles étoient réduites de moitié. Ne portez
pas la désolation dans les héritages de la
campagne, en frayant ces chemins au milieu
des terres les plus fertiles, tandis que vous
en avez à côté de médiocres, ou même de
stériles. Ne changez pas chaque année ces
routes de direction, sous prétexte de soulager
le voyageur, tandis que c'est pour favoriser
l'homme puissant, en écrasant le malheureux.

Vous voulez une agriculture florissante ?
empêchez donc que dans les Provinces les
plus fertiles, on ne convertisse en prés &
en herbages, des plaines grasses où les
moissons croissoient auparavant en abon-

dance. C'eft pour fournir au jus des cuifines de la Capitale & des grandes Villes, pour augmenter la profufion des tables, pour entretenir le fafte des Grands, pour élever & nourrir les fuperbes courfiers qui traînent les chars des riches, de l'Actrice & du Traitant, que l'on ravit ainfi la nourriture aux hommes !

Vous voulez une agriculture floriffante ? faites donc main - baffe fur ces décorations ruineufes, fur ces jardins magnifiques, fur ces parcs immenfes, qui lui enlevent des milliers d'arpents de terres & la fubfiftance d'un million d'hommes. Traitez comme des crimes contre la fociété, comme des plaies faites à l'humanité, ces jeux de la faftueufe opulence ; car ils font rentrer en terre des générations entieres.

Ce n'eft pas tout que de protéger l'Agriculture pour faire fleurir le commerce : elle en eft, à la vérité, la bafe, elle en fournit la matiere premiere ; mais il faut autre chofe pour vivifier celui-ci, lui donner de l'étendue & de la fplendeur.

L'induftrie en eft l'ame ; fi elle n'eft pas

gênée par un régime mal entendu, elle y portera bientôt le mouvement & l'activité dont elle est douée. Cette source jaillissante qui se précipite de la montagne, en est l'image naturelle : si le Propriétaire ne la retenoit dans sa course, par des digues qui la forcent de se replier dans des canaux, des bassins, des étangs, elle se répandroit dans la plaine, & y porteroit la fertilité & l'abondance. Ayez les mêmes idées de l'industrie : si vous la circonscrivez par les prohibitions, les privileges exclusifs, les impôts, vous la gênez, vous la rétrécissez, vous l'étouffez ; laissez-lui prendre un libre essor, elle fera couler les richesses & l'opulence dans la société.

Ainsi posez pour principe incontestable, la liberté du commerce. Gardez-vous bien de le brider par des réglements trop rigides & trop nombreux, & de gêner le Négociant par des perquisitions fréquentes & rigoureuses. Mais cette liberté ne sçauroit être sans bornes ? non : ces bornes cependant doivent être le moins resserrées qu'il est possible.

Mais la contrainte n'est point tyrannique, lorsqu'elle a pour objet l'utilité bien entendue de la plus grande partie des membres d'une Nation ; & c'eft cette utilité commune qui a obligé les Princes à faire des loix , des réglements de commerce fondés fur la nature & la fituation de chaque pays. D'accord: des loix, des réglements fages & raifonnables tant qu'il vous plaira ; mais point de privileges exclufifs, ils font le fignal du monopole, ils font languir les autres branches du commerce, ils détruifent la concurrence, véhicule de la perfection des Arts ; mais point de péages, fur-tout de ces péages multipliés, qui font auffi odieux aux Négociants que ruineux pour le commerce : fur vos rivieres & vos canaux navigables, il faut payer à chaque port, à chaque ouverture d'éclufe, à chaque paffage de pont, & dans mille autres circonftances femblables. Le Commerçant eft arrêté, il perd un temps précieux, & il fe voit enlever le plus clair de fon profit ; mais point de douanes, ce font des bureaux d'une barbare inquifition : n'eft-il pas affreux qu'un malheureux Marchand foit rançonné impitoyablement aux portes de la Capitale, après avoir acheté cinq ou fix fois le droit d'y entrer ?

Il nous faut du moins des jurandes, des maîtrises, des poids & des mesures ; c'est la seule barriere que l'on puisse opposer à la fraude, à la mauvaise foi, à la contre-façon ; sans cette précaution, le Public sera toujours la dupe de l'avidité des Marchands.

Je consens volontiers que vous ayez des maîtrises ; mais la raison demande que vous mettiez de l'uniformité dans vos poids & dans vos mesures, que vous en proscriviez cette prodigieuse variété qui embarrasse le commerce, & qui est la source de mille injustices.

Cette variété, reprenez-vous, est favorable au commerce, & la détruire, ce seroit lui porter des coups funestes. Préjugé gothique, qu'un Auteur, que l'on ne soupçonnera pas d'être économiste, a combattu d'une maniere victorieuse. Je vais le faire parler.

« Je voudrois que les partisans de la va-
» riété des poids, donnassent une définition
» nette de ce qu'ils entendent par ce mot
» favorable. Si elle l'est également pour
» l'acheteur comme pour le vendeur, elle
» devient inutile. En la supprimant, on ne
» change rien à leur situation, & dès-lors on

„ ne peut pas dire qu'elle soit favorable.
„ Pour qu'elle puisse avoir quelque effet
„ sensible dans le commerce, il faut néces-
„ sairement qu'elle en fasse pencher la balance
„ du côté d'un des contractants ; or si celui
„ qu'elle favorise, gagne à ce mouvement,
„ il faut nécessairement aussi que l'autre y
„ perdé. Il n'y a donc là qu'une petite ruse
„ très-propre à occasionner des fourberies &
„ à les couvrir.

„ Je puis avoir de fausses idées du com-
„ merce, mais j'ai toujours cru qu'il devoit
„ être fondé sur la bonne foi ; plus il est sûr,
„ plus il est lucratif ; les opérations n'en
„ sçauroient être trop claires, & la confu-
„ sion ne peut être avantageuse qu'à l'infi-
„ délité seule qui le tue sans ressource. Voilà
„ comme j'ai toujours envisagé le commerce,
„ & les principes qui doivent, suivant moi,
„ diriger quiconque se dévoue à cette pro-
„ fession estimable.

„ Si j'ai raison à cet égard, il est clair qu'il
„ faut proscrire la différence des mesures,
„ puisqu'elle donne indispensablement at-
„ teinte à la bonne foi. Quand nous n'aurions

» de relations qu’avec les étrangers, il ne
» faudroit pas la tolérer, 1°. parce qu’il n’y
» a que les Juifs à qui il soit permis de trom-
» per en conscience ceux qui ne sont pas
» leurs freres ; & de bons Chrétiens ne doi-
» vent pas usurper les droits de la Synagogue ;
» 2°. parce que la balance étant mobile, si
» nous avons affaire à des gens adroits, le
» plat le plus léger peut nous écheoir ; &
» s’il est honteux de faire une fripponnerie
» même utile, il l’est bien davantage d’en
» être la dupe.

     » Mais ce piege équivoque n’est pas seu-
» lement tendu pour les Anglois ou les Hol-
» landois ; il l’est pour nos compatriotes dans
» toute l’étendue de la France. De Perpignan
» à Dunkerque, de Bayonne à Briançon, on
» compte plus de coutumes, plus de toises,
» plus de poids, plus de mesures que de
» lieues ; on ne sçauroit hasarder un pas sans
» se mettre au risque de faire des dupes ou
» de l’être. Or il semble que cette situation
» n’est pas propre à favoriser le commerce :
» il paroît que la bonne police n’exige pas
» que les Picards soient autorisés à tromper
           » les-

» les Gafcons, ni que les Champenois puif-
» fent fripponner les Parifiens.

» Voulez-vous un exemple frappant de la
» néceffité d'avoir en tout genre des mefures
» uniformes, connues & invariables ? vous le
» trouverez dans le commerce des étoffes de
» foie. Chaque Fabricant eft le maître de
» donner à fes pieces la largeur qu'il juge à
» propos; ils ont entr'eux une efpece fin-
» guliere de brigandage qui eft toléré, parce
» qu'il tourne au profit de l'induftrie qui
» imite, tandis qu'il devroit être profcrit,
» parce qu'il nuit à celle qui invente. C'eft ce
» qu'on appelle contrefaire. A peine paroît-il
» une fabrique, un deffein d'un goût nou-
» veau, une étoffe dont le Public femble s'en-
» gouer, qu'on l'imite de toute part : mais les
» foies coûtent à-peu-près le même prix à tous
» les ouvriers : la main-d'œuvre eft prefque la
» même. L'imitateur veut cependant gagner
» autant que l'inventeur, & même s'attirer
» des chalands au moins en leur préfentant
» l'apparence du bon marché ; que fait-il ? Si
» fon rival donne à fes étoffes une demi-aune
» de largeur, & qu'il les vende huit livres

Q

» l'aune, il ne donnera à la sienne que trois
» huitiemes, & la vendra sept livres dix sous.
» Il est clair qu'il a un bénéfice assuré, car
» il donne un huitieme de moins de matiere,
» & il ne diminue qu'un seizieme sur le
» prix. Le Public, qui ne soupçonne pas cette
» manipulation imperceptible, n'est touché
» que de la diminution frappante de dix sous
» par aune ; il court avec avidité à la bouti-
» que, où on le trompe avec cette audace
» adroite, que l'égalité des mesures décon-
» certeroit. Il y a dans le commerce mille
» objets où cette ruse, ou pour dire le vrai
» mot, cette fripponnerie a lieu, & c'est à la
» diversité seule des mesures qu'il faut s'en
» prendre.

» Pour la justifier, si l'on pouvoit, on répond :
» que n'est trompé qui ne veut ; qu'on n'a
» qu'à s'instruire de leurs capacités relatives,
» & qu'on pourra alors acheter sûrement.
» Mais, je vous prie, si ce raisonnement est
» admis, à quoi sert l'attention de la Police,
» qui ordonne d'avoir des étalons connus &
» invariables, dans la variété qu'elle n'ose
» corriger ? Il est clair que l'on pourroit dire

» aussi que n'est trompé qui ne veut. Les
» étalons sont inutiles, car chacun n'a qu'à
» faire l'épreuve & la réduction de ceux qu'il
» a, & il ne sera pas dupe. Ce seroit alors
» comme pour la monnoie en Espagne, où
» chacun porte son trébuchet pour éprouver
» les pieces d'or. On ne veut pas songer que
» cette différence vient du temps où il y avoit,
» depuis les Alpes jusqu'aux Pyrénées, entre
» Marseille & Rouen, autant de Souverains
» que de villages. Ces illustres Princes étoient
» les plus ignorants des hommes : ils ne
» voyoient sur la terre rien au-dessus d'eux,
» quand ils avoient pu acheter ou voler un
» bon cheval de bataille avec un harnois com-
» plet. Le plus grand homme du siecle étoit
» celui qui sçavoit le mieux baiser la main
» de sa mie, & qui désarçonnoit un rival avec
» plus de légéreté dans un tournois.

» Avec de si grands talents, il n'est pas
» étonnant qu'ils laissassent tout languir dans
» leurs vastes Etats. Quand ils n'avoient pas
» d'argent, ils recouroient à des ruses que
» des Souverains puissants ont employées
» quelquefois, & qui n'en sont pas moins des

Q 2

» fripponneries puniffables..... Ils diminuoient
» les mefures, afin de rançonner les Mar-
» chands qu'un malheureux fort conduifoit
» près de ces terriers, qu'on honoroit du nom
» de châteaux....

» Voilà comment fe font introduites ces
» variations, dans les mefures, qu'on trouve
» fi refpe&ables en France, & que tant de
» Peuples ont profcrites fans danger; voilà
» ce qui a occafionné la naiffance de ces
» péages, de ces douanes qui par tout pays
» donnent des entraves au commerce, &
» ruinent les Particuliers fans enrichir les
» Princes (1) ».

---

(1) Lettres fur la Théorie des Loix, page 196.

CHAPITRE V.

Des Finances.

IL faut des revenus à un Souverain pour soutenir la gloire de sa Couronne & la sublimité de son rang. C'est une reconnoissance que ses Sujets lui doivent des soins qu'il prend pour leur repos & leur félicité. Il est même de la dignité d'une Nation que son Roi se montre avec splendeur. Un Peuple qui se refuse à lui fournir les subsides nécessaires, est un enfant dénaturé qui veut priver son pere d'une partie des douceurs qu'il lui verse tous les jours à pleines mains.

Les Princes de sa Maison ont besoin d'apanages, les Officiers de sa Cour d'honoraires ; l'Armée & la Marine coûtent des sommes immenses ; les Ministres d'Etat, les Magistrats, & les autres Employés dans les affaires civiles, méritent leur salaire ; les négociations, la Police, les grands chemins, les fortifications des Villes, des Ports, des Citadelles, tout cela demande de grands frais. Qui paiera ces dépenses néceſſaires & inévitables ?

Le vulgaire, peu accoutumé à réfléchir, s'imagine qu'un Souverain eſt comme ces Rois fabuleux, qui, d'un coup de baguette, font ſortir de deſſous terre des tréſors immenſes : il croit qu'un Prince peut faire & donner tout ce qu'il veut : il ne conçoit pas que ce qu'un Monarque donne d'une main, il faut qu'il le reçoive de l'autre; que ſes épargnes ne ſont pas inépuiſables; que bien loin d'être riche ſans borne, il a beſoin d'être entretenu lui-même par ſes Sujets.

Il ſuit de là, que pour l'entretien de l'Etat & de toutes les parties de cette immenſe machine, il faut des revenus : ces revenus s'appellent *revenus publics, revenus du Souverain;* & ils peuvent être rapportés à deux ſources; ſçavoir, au domaine & aux contributions.

Le domaine eſt, ſelon la remarque de Bodin, le plus honnête & le plus ſûr moyen de pourvoir aux beſoins de l'Etat. Rome reconnut cette vérité à fa fondation. Romulus en partagea le territoire en trois portions égales : la premiere fut affignée à l'entretien du culte & des Miniftres des Autels; la feconde aux befoins publics; & la troifieme fut divifée entre les Citoyens.

Il n'eft pas impoffible que le produit du Domaine mal adminiftré, fe réduife à rien, comme on le voit dans plufieurs Monarchies; mais il n'eft pas de fa nature d'être mal adminiftré. Ses revenus font non feulement fi facrés, que d'en détourner la moindre chofe au préjudice de fa deftination, c'eft commettre le plus infame des vols ; mais ne pas en tirer tout le parti que l'on pourroit en retirer, c'eft fe rendre coupable d'un crime envers la fociété.

Au refte, le domaine ne comprend pas feulement les forêts, les terres, les feigneuries qui appartiennent en propre au Souverain, qui font, pour ainfi dire, fon patrimoine particulier, & qu'il fait régir ou qu'il afferme ; mais il faut entendre auffi par ce mot, plufieurs autres objets qui produifent des revenus à l'Etat, tels que les fa-

Q 4

lines, les mines, la monnoie, les postes, les douanes & le tabac.

Les forêts peuvent être d'un très-grand revenu dans les Etats où le Domaine en possede beaucoup. Il n'est point d'arpent de bois qui ne donne dix écus à la coupe, & c'est le revenu qu'en retirent au moins les Particuliers ; mais par une fatalité qui ne se conçoit pas, les bois du Roi en France, ne produisent pas cinq sous par arpent. Le brigandage & la déprédation se sont tellement emparés de cette partie de l'Administration publique, qu'ils ne font d'aucune ressource pour l'Etat. Les Maîtrises absorbent une grande partie de ces revenus. Chaque Généralité a son Grand-Maître, cinq ou six Maîtres particuliers, autant de Lieutenants, de Procureurs du Roi, de Substituts, de Greffiers, de Gardes-Marteaux, d'Arpenteurs, de Gardes-Généraux, & une multitude de Gardes-Particuliers. Tous ces Officiers, dont les trois quarts sont inutiles, ont leurs gages assignés sur les bois ; sans compter les présents des Marchands à chaque coupe, les réserves qu'ils font à leur profit des plus beaux & des meilleurs arbres, ceux qu'ils donnent à leurs amis; leur négligence, leur tolérance, leur collufion même avec les Seigneurs, les Gentilshommes voifins des forêts du Roi qui les dégradent & les pillent fans pudeur.

Je ne veux dénigrer perfonne, & le zele feul du bien public dirige ma plume; mais ce qui prouve fans replique ce que j'avance, c'eft qu'il n'eft point de forêt royale, qui, paffant par échange ou autrement entre les mains d'un Particulier, ne donne à fon nouveau maître le quadruple du revenu qu'elle produifoit au Roi.

On doit regarder les terres du Domaine comme des fonds dont le Souverain eft propriétaire, & dont il tire les revenus. Il y a deux manieres de faire valoir ces biens, ou on les fait régir par un Adminiftrateur, ou on les donne à ferme à un Amodiateur. Quelle eft celle qui, dans l'efpece, eft la plus avantageufe à l'Etat?

Un Seigneur particulier qui réfide dans fes terres, & qui peut avoir l'œil à fon économie de campagne, fait toujours mieux d'adminiftrer lui-même fes domaines, que de les affermer ; parce qu'il recueille le profit du Fermier, qui auroit été en pure perte pour lui; parce qu'en général il a plus de reſſources pour faire les améliorations néceſſaires ; parce qu'il a toujours, ou des banqueroutes, ou des procès à craindre de la part des Fermiers ; parce que ſouvent une terre à la fin du bail eſt épuiſée & ruinée ; parce qu'un Propriétaire a néceſſairement pour ſa terre une prédilection qui tourne à ſon profit.

Un Souverain au contraire agit ſagement quand il afferme, non pas à des Fermiers-Généraux, mais en détail & à des Particuliers, les terres de ſes domaines : parce que, 1°. ni lui, ni ſes Miniſtres ne pouvant avoir l'œil à tous les détails, il faudroit un peuple d'Employés pour leur adminiſtration : Directeurs, Receveurs, Contrôleurs, Commis des uns & des autres, que ſçais-je? Les revenus du Domaine paſſent entre les mains de tous ces Employés; le plus clair & le plus net leur reſte ; & des fonds immenſes ne ſont d'aucune reſſource pour l'Etat; parce que, 2°. le profit du Fermier n'est pas entiérement perdu pour le Souverain, & qu'il rentre dans l'Etat, en faisant la fortune d'un Sujet de plus ; parce que, 3°. les Amodiateurs des Domaines ne peuvent être que des gens aisés & fortunés, qui peuvent entreprendre des améliorations; parce que, 4°. les procès entre un Souverain & son Sujet sont bientôt décidés, & que les banqueroutes d'un Fermier Royal sont rares.

Les salines, en Europe, appartiennent presque toutes aux Souverains : comme le sel est une denrée de premiere nécessité, ils peuvent s'en faire un revenu considérable ; mais l'établissement des Gabelles ne me paroît guere propre à produire cet effet. Le gain sera toujours du côté des Fermiers, & la multitude des Employés en absorbera le plus clair. Je ne parle point des vexations & de la tyrannie que cette administration entraîne nécessairement. Toutes les fois que le Peuple sera à la merci des Traitants, il sera toujours foulé. La matiere présente nous en fournit des exemples qui devroient déchirer l'ame de tout Souverain ami de son Peuple. Un malheureux

est traité de faux-saunier, & envoyé impitoyablement aux Galeres, malgré les cris d'une
femme éplorée & de petits enfants qui ré-
clament leur soutien, parce que n'ayant
pas d'argent pour acheter du sel, il s'est
servi de l'eau de la mer pour saler son pot.
Le pere d'une nombreuse famille, qui à
peine a du pain, est forcé, au nom du Roi,
de prendre, au dépôt public, plus de sel
qu'il n'en peut consommer lui, sa femme
& ses enfants. Les Receveurs des Greniers
à sel mêlent la terre, le sable & les ordures
parmi cet assaisonnement des mets, afin
d'enfler leurs recettes & de mériter des gratifications. En un mot, dans cette Administration, le Peuple est malheureux & les Financiers s'enrichissent aux dépens du fisc.

Mais quel parti tirer de cette branche des
revenus publics? Rendez le sel commerçable;
faites exploiter les salines au compte du Souverain, & tirez du premier bon l'impôt que
vous voulez mettre sur cette denrée : quand
il seroit le double des fonds que la Gabelle
fait entrer dans les coffres du Roi, le Peuple
y gagneroit.

Les mêmes obſervations ſont applicables au tabac. L'uſage général qu'on en fait le met au rang des denrées de premiere néceſſité : ainſi les Souverains peuvent en tirer un grand parti. Mais point de Commis, point de Traitants, point de Ferme pour en percevoir l'impôt. Laiſſez aux Particuliers le ſoin de cultiver cette plante, & faites-leur acheter chérement le droit de culture. Par ce moyen vous éloignez la contrebande de vos Etats, vous ſupprimez un monde d'Employés, & vous percevez ſans frais un tribut conſidérable.

Mais le tabac étranger, dont on fait une conſommation ſi prodigieuſe, que rendra-t-il à l'Etat ? Tout ce que vous voudrez. Dans l'hypotheſe actuelle il devient matiere de luxe, ainſi vous pouvez impoſer, à ſon entrée ſur les frontieres, tel droit qu'il vous plaira.

Les mines & la monnoie ne ſont guere propres à groſſir les revenus publics. Les frais que l'on eſt obligé de faire pour l'exploitation des unes & la fabrication de l'autre, ſont immenſes. Cependant il eſt vrai de dire que les dépenses nécessaires prélevées, il reste un produit; & ce produit ne doit pas aller ailleurs que dans la caisse de l'Etat.

Le Souverain dans la Monarchie a seul le droit de faire battre monnoie, comme Chef de la Nation & Pere de la Patrie. Il est donc de son intérêt & de son zele de faire observer la plus exacte probité dans cette matiere. Ne seroit-ce pas se tromper soi-même, que de vouloir duper ses Sujets à cet égard ? Quelle fut donc la stupidité ou la noirceur du premier Financier qui osa conseiller à son Prince de falsifier la monnoie ! Non seulement il trompa ses Concitoyens & les Nations voisines, mais encore il sacrifia la bonne foi de son Maître, objet si délicat & d'une si grande conséquence dans un Roi. Par cette déloyauté, la mesure commune de tout devient incertaine, & le Prince paie au double ce qu'il gagne par cette indigne fraude, dès que ses voisins s'en sont apperçus. Dans le fond, raccourcir l'aune, fausser les poids, ou altérer la monnoie, c'est la même manœuvre.

Les postes forment un revenu considérable dans les Etats de l'Europe, pour peu qu'ils foient étendus. Elles ont été établies pour l'utilité publique & la commodité des Particuliers ; il ne faut donc pas qu'elles tournent à leur gêne, & qu'elles mettent des entraves à la correfpondance & au commerce. Cependant quel abus à cet égard, fur-tout en France ! Les lettres & les paquets des villes de province, bien loin d'aller en droiture à leurs deftinations, circulent & arrivent par des voies longues & détournées au bureau général de la Capitale, d'où on les diftribue dans les provinces. Il n'y a point d'inconvénient qui puiffe balancer le tort que caufe ce retardement.

J'ai parlé des douanes dans le Chapitre précédent, & de l'abus qu'il y a à les introduire dans l'intérieur d'un Etat, à les établir de province à province ; comme fi en allant de Normandie en Bretagne, on paffoit d'un Royaume dans un autre. Reléguez-les fur les frontieres ; & là faites payer aux marchandifes, entrantes & fortantes, tel tribut que vous voudrez : diftinguez fur-tout les matieres de luxe, & faites acheter chérement aux riches les raffinements de leur fenfualité & de leur fafte. C'eft la meilleure loi fomptuaire que vous puiffiez faire.

Par le moyen d'une adminiftration fage & économe, tous les objets dont je viens de parler peuvent fournir des revenus immenfes, fur-tout dans des Etats vaftes, riches & commerçants, tels que la France, l'Efpagne, l'Autriche. Mais les befoins fe font fi multipliés, les dépenfes font devenues fi énormes, que ces richeffes, quelque confidérables qu'elles foient, ne peuvent fuffire à l'entretien des Gouvernements. Il faut donc avoir recours aux contributions.

Dans l'ordre actuel des chofes, les contributions font infinies par leur nombre & leur variété. Taille, taillon, dixieme, vingtieme, fou pour livre, uftenfile, capitation, induftrie, octroi; que fçais-je? cette multitude d'impôts forme un nuage épais, à l'ombre duquel la finance exerce impunément fes brigandages & écrafe les Peuples. Ne feroit-il pas poffible d'y fubftituer un impôt fimple & unique qui délivrât le genre humain de cette hydre qui dévore les hommes?

Je vais l'effayer. La voie a déjà été frayée

par

par un génie patriote, dont le projet fut accueilli avec empreſſement, mais qui tomba bien vîte lorſqu'on en eut dévoilé les défauts (1). J'adopte le fond de ſes idées, & je crois éviter les inconvéniens qu'on lui reproche. Le Public va en juger.

Je ſuppoſe un Royaume qui contient dix-huit millions d'Habitans ; dans ce nombre, tous ne ſont pas impoſables ; on ne peut guere compter que ſur le tiers, parce qu'il n'y a pas plus du tiers de peres de familles & de chefs de maiſons. Ainſi nos dix-huit millions d'hommes ſe réduiſent à ſix millions de contribuables. De ces ſix millions, pour ne rien donner au haſard, j'en retranche encore quatorze cents mille ; reſte donc quatre millions ſix cents mille contribuables, que je diſtribue en vingt claſſes.

Comme dans tous les Etats policés, le grand nombre eſt compoſé de gens qui n'ont rien, que ceux qui n'ont que le ſimple néceſſaire viennent enſuite, puis les aiſés, puis les riches, puis les opulents ; je fais entrer

____

(1) Voyez la Richeſſe de l'Etat, & ſa Réfutation.

R

très-peu de perſonnes dans les claſſes des riches, & je rends celles des pauvres très-nombreuſes : en conſéquence les dix premieres claſſes qui ſont formées des opulents & des riches ne contiennent pas ſoixante mille têtes, & les dix autres en comprennent plus de quatre millions cinq cents mille.

L'impôt que je propoſe conſiſte dans le dixieme des revenus de chaque Citoyen, excepté cependant celui que j'aſſeois ſur la derniere claſſe ; elle eſt compoſée d'un million d'hommes qui n'ont rien en propre, ils ne peuvent donc pas être impoſés par rapport à leurs revenus ; conſéquemment je ne lès impoſe qu'à trois livres par tête.

Le total de cet impôt ſimple & unique, monte à quatre cents huit millions, comme il eſt facile de s'en convaincre en jetant les yeux ſur le Tableau ſuivant.

Si à cette ſomme l'on ajoute les revenus du Domaine & de tous les objets que j'ai compriſ ous ce nom, qui doivent ſe monter au moins à deux cents cinquante millions, le revenu total de l'Etat ſera de ſix cents cinquante-huit millions.

TABLEAU D'IMPOSITION.

Claſſes.	Nombre des Contribuables.	Revenus.	Impôt par tête.	Total.
				liv.
Premiere ..	50	500000 l·	50000 l.	2500000
Seconde ..	100	300000	30000	3000000
Troiſieme ..	200	200000	20000	4000000
Quatrieme .	500	100000	10000	5000000
Cinquieme .	1000	50000	5000	5000000
Sixieme ...	3000	40000	4000	12000000
Septieme ..	5000	30000	3000	15000000
Huitieme ..	10000	20000	2000	20000000
Neuvieme .	15000	15000	1500	22500000
Dixieme ...	20000	10000	1000	20000000
Onzieme ..	30000	7000	700	21000000
Douzieme .	50000	5000	500	25000000
Treizieme ..	100000	3000	300	30000000
Quatorzieme	300000	2000	200	60000000
Quinzieme .	400000	1000	100	40000000
Seizieme ..	500000	800	80	40000000
Dix-ſeptieme	600000	600	60	36000000
Dix-huitieme	700000	400	40	28000000
Dix-neuvieme	800000	200	20	16000000
Vingtieme .	1000000	0	3	3000000
		Total général .		408000000

Mais cette fomme ne peut pas entrer quitte & nette dans les coffres du Souverain, il faut des dépenfes & des frais pour la percevoir. Cependant ces frais ne doivent pas être énormes comme dans le fyftême actuel. Trente-trois millions doivent fuffire pour percevoir tous ces revenus : voici comment.

Par le moyen des Adminiftrations Provinciales, chaque Communauté, chaque Paroiffe-fera l'affife de fa contribution ; chaque Particulier y fera impofé au dixieme de fes revenus ; l'Affemblée nommera un ou deux prépofés pour lever cet impôt. Le falaire de ces prépofés fera de deux liards par livre ; ils verferont leur recette dans la caiffe provinciale, dont le Receveur, choifi par la Province, aura un liard par livre des fommes qu'il recevra ; ce Receveur provincial verfera immédiatement au Tréfor Royal, & le Tréforier, ou Caiffier-Général, percevra auffi un liard par livre pour fon droit de recette : bien entendu que le Receveur-Général & les Receveurs provinciaux fe chargeront des frais de détail. Voilà pour ce qui concerne l'impôt du dixieme.

Par rapport aux revenus domaniaux, la chofe n'eft pas plus embarraffante. Les Fermiers & les Receveurs des biens & des droits du Domaine porteront leurs fonds chez les Receveurs des Provinces, qui les feront paffer au Tréfor Royal, aux mêmes claufes & conditions que deffus.

Il eft clair, par cette explication, que les frais de perception ne vont qu'à un fou pour livre; or le fou pour livre de fix cents cinquante-huit millions ne monte pas tout-à-fait à trente-trois millions. Le revenu net de l'Etat fera donc de fix cents vingt-cinq millions.

Je ne vois que trois chofes que l'on puiffe m'objecter avec quelqu'apparence de fondement : la premiere eft que, par mon fyftême d'impôt, je renverfe tous les privileges; le Clergé, la Nobleffe, les Magiftrats feroient impofés comme le Peuple; la feconde, que cet impôt feroit infailliblement arbitraire; la troifieme, que je porte trop haut le nombre des contribuables.

Voici ce que j'y réponds. Au premier chef : les Magiftrats, la Nobleffe, le Clergé

profitent, comme le Peuple, & bien plus
que le Peuple, de la protection que l'Etat
accorde à ses enfants; les subsides en sont
le prix; donc ils doivent les payer également. Au second chef, l'imposition se fera
dans l'assemblée des Citoyens qui connoissent leurs fortunes mutuelles; donc elle sera
juste. Au troisieme chef, je ne porte le
nombre des contribuables qu'à un peu plus du
quart du nombre des Habitants de l'Etat:
or, en supprimant les privileges, il y a dans
un Etat au moins le quart des Habitants
d'imposables; donc je ne fais pas monter ce
nombre trop haut.

Mais est-il bien certain que le Domaine
doit rendre deux cents cinquante millions,
& l'impôt du dixieme, quatre cents huit? On
doit voir que mes calculs ne sont forcés
dans aucune partie, il est d'ailleurs facile
de se convaincre qu'ils sont justes dans ce
qu'ils annoncent: cependant si le Domaine ne
produisoit pas deux cents cinquante millions,
ce que je suis bien éloigné de croire, on
pourroit laisser subsister les entrées & les
octrois de la Capitale & des Villes les plus

considérables des Provinces. Cet impôt rempliroit abondamment le vuide, s'il y en a : il produiroit aussi un avantage considérable, c'est qu'il diminueroit la fureur que l'on a par-tout d'habiter les grandes Villes.

Fin du quatrième & dernier Livre.